Un Destello
de su Gloria

Reyna, Ricardo
    Un destello de su gloria. 1ª ed. - Buenos Aires: Deauno.com, 20112
    180 p.; 21 x 15 cm.

    ISBN 978-987-680-046-4

    1. Religión. I. Título

    CDD A863

contacto@elaleph.com
http://www.elaleph.com

Para comunicarse con el autor: resiri8847@yahoo.com
Siga también a Un Destello de su Gloria en:
http://www.ministeriojeriba.com

Primera edición

ISBN 978-987-680-046-4

Hecho el depósito que marca la Ley 11.723

Ricardo Reyna

Un Destello de su Gloria

deauno.com

"Entonces revela al oído de los hombres,
Y les señala su consejo."
Job 33:16.

DEDICATORIA

DEL CORAZÓN PARA MI ESPOSA

Estoy seguro de que el creador sigue teniendo planes para nosotros, todo indica que nuestro destino estaba escrito; que nos tiene en el hueco de su mano, y sembró el mismo amor en ambos y ahora desea que cohabitemos con Él en su presencia.

Nos quiere unidos en lo físico, mental y espiritual y para que nuestro amor crezca y madure; de la misma manera, nos ha dado la misma empatía para el rescate de las almas que lo necesitan.

Agradezco a Dios porque te ha escogido como mi alma gemela en este paso por la vida. Hoy hay plenitud en nuestras vidas; con la dicha de ver sonreír a nuestros hijos y aun a nuestro nieto, y yo, sin mérito alguno, he sido premiado con tan hermosa familia.

Gracias por el tiempo que te he restado, por los momentos en que te dejé sola, por la falta de atención que resté a tu vida por causa de la excursión en el mundo de la escritura.

Sinopsis

La UNCIÓN es el poder de Dios dado a los hombres, el cual se mueve por medio del Espíritu Santo en nuestras vidas. Una promesa y un favor inmerecido de Jesús para sus hijos, con la cual pueden ocurrir milagros, prodigios, señales, sanidades, liberaciones, y aun el milagro más maravilloso, que es la salvación personal y el perdón de los pecados del hombre.

Un grito interno de mi alma, que clamaba... *"tengo hambre y sed de ti, Señor",* una necesidad por la misma presencia de Dios en mi vida, un deseo invaluable de su toque especial. Ahora, la perspectiva de la vida misma cambiaba en un giro de ciento ochenta grados, un nuevo horizonte se presentaba; era la misma presencia de Dios, hablando e invitándome a caminar con Él.

Había encontrado gracia y favor ante sus ojos, el Señor miró dentro de mí, y ha concedido los deseos de mi corazón, el anhelo de servirle y llenarme de su presencia; había nacido un hambre y sed por su presencia que nada podía satisfacer y llenar el vacío que mi alma sentía.

Fue aquella preciosa mañana, fue en mi desierto y la soledad que me embargaba; cuando el silencio de Dios terminó y empezó hablar a mi vida, me sucedió como al siervo Job cuando le dijo: Escucha, Job, y óyeme; calla, y yo hablaré. Empezó el Señor a hablar y a hacerme una preciosa invitación: Si tienes razones, respóndeme; habla, porque yo te quiero justificar. Y si no, óyeme tú a mí; calla, y te enseñaré sabiduría. Me extendió la invitación.

"Quieres ver mi gloria y mi poder"

Una voz que susurraba a mis oídos, una invitación celestial llegaba a mi presencia; por segunda ocasión expresó el Señor,

"¿Qué harías si pongo mi unción en tus manos?"

Estaba estupefacto y anonadado, el tiempo se detuvo y la invitación no se hizo esperar.

"Quieres caminar conmigo"

He orado a Dios para que al recorrer el contenido de este libro, la unción de Dios, su favor te toque, te llene y tu copa sea rebosada y así como el Señor me permitió ver un destello de su gloria, de igual manera deseo que esta preciosa experiencia, tú también la experimentes.

Estas y muchas más experiencias explico en este libro, de cómo Dios empezó a hablar conmigo y a enseñarme, Él quiere comunicarse con nosotros. Te invito a leer las páginas de este escrito; cómo me permitió experimentar su presencia, ver su gloria y su unción manifestarse en mi vida y en la vida de los que me rodeaban.

El proceso, la escuela espiritual que me permitió transitar, no fue un trayecto fácil, más era necesaria para formar el carácter y la personalidad de Cristo en mi vida.

Él te pasará por Gilgal, Betel, Jericó y te llevará al Jordán, el lugar de la unción. Él sigue hablando a quienes estén dispuestas a escucharle, tal vez no sea su voz audible, o seas traspuesto, mas, sin embargo; Él quiere charlar contigo, por medio de sueños, visiones y aun cuando duermes, dice su Escritura.

Sin embargo, en una o en dos maneras habla Dios; pero el hombre no entiende. Por sueño, en visión nocturna, cuando el sueño cae sobre los hombres, cuando se adormecen sobre el lecho, entonces revela al oído de los hombres, y les señala su consejo. (Job 33:14-16)

Prólogo

Al escribir estas líneas no pretendo hacer un trabajo exhaustivo, sino por la gracia y el favor de Dios que me ha sido conferido, ya que el Espíritu del Señor está sobre mí y me ha dado un llamado muy especial, clamé al Señor y Él inclinó su oído hacia mí. Viene a mi memoria la oración de Jabes que clamó al Altísimo:

"Oh, Dios, si en verdad me bendijeres, ensancha-res mi territorio, tu mano estuviere sobre mí; y me guardares de todo peligro."

Lo glorioso de esta oración, es que el Señor le concedió todo lo que pidió.

Tal vez yo no soy Jabes, tampoco un Elías, que haga descender fuego del cielo, o un Moisés que abra el mar y pasar en seco, No, no soy ninguno de ellos; pero sólo soy un hombre con hambre y sed de Él; hambre de su presencia y hambre por la Palabra de Dios.

Amós profetiza (Amós 8:11) diciendo: *He aquí vienen días, dice Jehová, el Señor, en los cuales enviaré hambre a la tierra, no hambre de pan, ni sed de agua, sino de oír la Palabra de Jehová.*

Él me ha puesto por testigo y maestro a las naciones, para enseñar sus verdades, enseñar su Palabra. El Señor me dice que llamaré a gente que no conocí y gente que no me conoció correrá a mí, por causa de Jehová, tu Dios, y del Santo de Jehová que me ha honrado. (Isaías 55:5)

Me trajo a esta nación, me sacó de mi ciudad y de mi parentela, me tomó de los confines, de tierras lejanas, te llamé y te dije: *Mi siervo eres tú; no temas, no desmayes, porque yo soy tu Dios y siempre te sustentaré con la diestra de mi justicia.*

Maestro y licenciado de profesión, 25 años de experiencia en educación, Secretario de Trabajos y Conflictos del Sindicato del magisterio de la región norte. Delegación D-1-79. Dedicado y amante de la enseñanza secular, más ahora llamado a enseñar y a guardar su justicia. (Filipenses 3:7-8) "Pero cuantas cosas eran para mi ganancia, las he estimado como pérdida, por amor de Cristo. Y ciertamente, aun estimo todas las cosas como pérdida por la excelencia del conocimiento de Cristo Jesús, mi Señor, por amor del cual lo he perdido todo, y lo tengo por basura, para ganar a Cristo."

Ahora con una nueva visión; para cumplir la gran comisión, enseñar las buenas nuevas a los abatidos y ayudar a los quebrantados de corazón, a publicar libertad a los cautivos y proclamar que este es el año agradable de Dios para nuestras vidas. (Isaías 61) Conocerán la verdad y la verdad os harán libres. Soy enviado por el Señor para que abra los ojos de los ciegos, para que saque de la cárcel a los presos y de casas de prisión a los que moran en tinieblas. Por la gracia del Señor, se cumplieron las cosas primeras; y ahora dice el Señor, "yo os anuncio cosas nuevas; antes que salgan a luz, yo os las haré notorias".

Él se ha manifestado permitiéndome ver un destello de su gloria, su poder y unción derramarse sobre mi vida. Se ha cumplido su Escritura haciéndose rema hoy en día en mi ser. Ahora exclamo como Job "*de oídas te había oído, más ahora mis ojos te ven*". Gloria a Dios.

El Señor sigue hablando en su Palabra, a todos los sedientos: Venid a las aguas; y los que no tienen dinero, venid comprad y comed, dice el Señor, comprad sin dinero y sin precio, oídme atentamente y comed del bien y se deleitará vuestra alma. (Isaías 55). Inclinad vuestro oído y venid a mí: oíd y vivirá vuestra alma, dice el Señor. Toco trompeta en Sión a todo morador de la tierra, porque viene el día de Jehová que está cercano.

Os invita a convertíos con todo vuestro corazón, con ayuno y lloro y lamento. Reunámonos, santifiquémonos, juntémonos todos (Joel 2:16) niños, ancianos, todos; y alleguémonos al Señor y pidamos perdón. El Señor nos invita a no temer, a dejar el miedo fuera de nuestras vidas. El "no temas" aparece 365 veces en la Biblia, uno para cada día del año. En griego la palabra temor es "dar pasos hacia atrás" y lo opuesto es ir hacia adelante.

No temas, alégrate y gózate, porque Jehová hará grandes cosas, porque os ha dado la primera lluvia a su tiempo y os restituiré los años perdidos, y comeréis hasta saciaros y alabaréis mi nombre; y conoceréis que yo soy vuestro Señor y no hay otro como Yo. (Joel 2:21)

Dios ha hecho una gran inversión en cada uno de nosotros, para prepararnos, y hoy te dice que te ha preparado para ser instrumento en su reino, lo ha dado todo por nosotros, porque sabe de antemano como cualquier inversionista que sacará ganancias de lo invertido, invirtió a su hijo, el pago fue completo, fue su unigénito hijo Jesucristo; por amor a nosotros. Lo más hermoso de todo esto, que el Señor lo hará con nosotros, si nos volvemos a Él, si nos humillamos y nos santificamos de todo corazón,

Él saciará nuestra hambre, nuestra sed, y derramará su Espíritu sobre toda carne, veremos la gloria de Dios sobre nuestras vidas, sobre nuestros hijos e hijas con sueños, y nuestros jóvenes con visiones. Será un derramamiento de su Espíritu como nunca antes ha vivido la humanidad. El tiempo está cercano dice el Señor.

Él ha venido para que tengamos vida y vida en abundancia, y descanso para vuestras almas. No os extrañéis que el desánimo venga a vuestras vidas, aun Juan el Bautista cansado en prisión, el desánimo se apoderó de él; y mandó a preguntar: es Él, o esperamos a otro. Pero la sabia respuesta del maestro no se hizo esperar, y exclamó "Sólo díganle, los ciegos ven, los cojos andan".

Cuando Yo esté en ustedes y ustedes en mí, de su interior correrán ríos de agua viva y hallaréis descanso para vuestras almas, gloria a Dios…

CAPÍTULO I

SAL DE TU TIERRA Y TU PARENTELA

DIOS QUIERE BENDECIRNOS, pero para ello nos pide dejarlo todo atrás, todo aquello que pueda ser un impedimento a seguirle, el propósito de Jesús para seguirle es ser como Él. Pablo mismo cita en la Escritura, "dejando ciertamente lo que queda atrás, prosigo a la meta del supremo llamamiento".

> *Pero Jesús le dijo: Nadie que después de poner la mano en el arado mira atrás, es apto para el reino de Dios. (Lucas 9:62)*

Todo tiene un precio que hay que pagar para recibir las bendiciones de Dios en nuestras vidas. Equivale a renunciar al amor de los seres que más amamos, de las cosas que más queremos, nuestros trabajos, posesiones, todo aquel logro económico, financiero, profesional que nos pue- *Dios quiere bendecirte, pero para ello nos pide dejarlo todo atrás.* den ser obstáculo y nos apartan del Señor. Jesús debe ser primero en nuestra vida, primero en nuestros objetivos y nuestras metas; Él será siempre primero, aun en nuestro suspiro final. Todo tiene su propio precio, pero lo que Jesús ofrece es posible pagarlo. Porque el ya lo pagó, sólo nos resta tomarlo. El alto precio pagado, no fue posible suplirlo con oro o plata, fue su sangre preciosa derramada en la cruz del calvario. No hay nada difícil ni imposible en la vida con Él. Porque para el Señor no existen imposibles. Él conoce perfectamente nuestras debilidades, nuestras indecisiones, nuestros pecados. Precisamente por todas estas cosas murió en la cruz. Pero, a pesar de ello, Jesús quiere que andemos cerca de él. Que caminemos con Él, esto no puede hacerse, sin la sangre de Cristo que nos ha salvado, primeramente nuestra alma.

ABRAM LLAMADO A DEJARLO TODO

A principios de las Escrituras nos encontramos con un gran hombre de fe llamado Abram, con una fe que agradó a Dios. Génesis, narra que nació en Ur de los Caldeos, cerca del río Éufrates en la época de la civilización Sumeria la cual manejaba el centro de comercio de esa época, por tanto, Abram nació en un campamento de seminómadas a las afueras de la ciudad de Ur, en el cual el jefe de dicha tribu era su padre, Taré. Este clan de Taré adoraba a varios dioses, era politeísta (Josué 24:2).

La Escritura enseña que "Taré tomó a su hijo Abram, a su nieto Lot, el hijo de Harán, y a su nuera Sara, la mujer de su hijo Abram, y salieron de Ur de los Caldeos, rumbo a Canaán. Pero en el transcurso del viaje se establecieron en Harán. Cuya ciudad se halla a mitad de camino entre Ur y Canaán. El nombre del lugar significa 'ruta', porque era el paso obligado de las caravanas comerciales que iban a Mesopotamia, a Siria y a Egipto.

Fue un momento difícil para el padre de Abram, Taré, haberlo dejado todo en Ur, pero la familia se encontraba en peligro debido a pueblos vecinos y el nomadismo practicado en esa época. Era el jefe de un clan, considero que era un hombre rico, con sirvientes, ganado y riquezas, y Abran heredero de lo que su padre le cediera, cuando éste muriera. A la muerte de Taré, un Dios desconocido y misterioso (distinto de los dioses que adoraba en Ur) le habla, y lo invita a abandonarlo todo.

No fue fácil para Abram lo que Dios le pedía, equivalía el abandono de la 'tierra' lo cual significaba la renuncia a sus propiedades, lo que hasta el momento había conquistado y tenía sentido para su vida; para convertirse en un emigrante. El abandono de la 'patria' es el abandono del lugar de nacimiento, donde encuentra afecto y solidaridad, de las cos-

Tú, oh Dios, te has convertido en la fortaleza, fuerza mía; y refugio en eltiempo de mi aflicción.

tumbres, de la lengua; todo cambia, los proyectos, visiones, metas de la vida, son trasformados para salir a una tierra que queda en una lejana esperanza. Fue un déjalo todo, una orden de por más incuestionable, ejecutora, una de las más duras renuncias. Su país natal, Ur; ahora, en Harán, le distancia de su hermano Najor; pronto le separará también de su sobrino Lot.

Un caso similar

Así como Abram fue llamado a salir de su parentela, Dios también nos llama a dejarlo todo por Él, por su causa, pidiendo una lealtad incondicional. Muy particularmente, mi vida se vio afectada por un caso similar en mi ciudad natal en el año 2008. Por causas de fuerza mayor y de vital importancia; me vi en la necesidad de cambiar de residencia, mudando mi familia de México a los Estados Unidos a principios del año 2005 y para la cual por cuestiones de mi trabajo profesional retorné a México; después de haberlos instalado en aquel país.

Poco después, pasado el tiempo como antes mencioné, en el 2008 empezó a nacer en mí la necesidad vital de la supervivencia espiritual, una niebla densa de soledad empezó a cubrir mi ser, aunque rodeado de amigos y compañeros de trabajo, mi vida ya no era igual, necesitaba llenar un vacío, que cada día se expandía más y más, mi familia ya no estaba, mis hijos y esposa se encontraban lejos de mí, solo en casa; fue mi soledad misma, la que me orilló a refugiarme en la presencia de Dios como dice Jeremías 16:19,

Déjalo todo y avanza a la tierra que yo te daré.

Tu Oh Dios te has convertido en la fortaleza, fuerza mía; y refugio en el tiempo de mi aflicción.

Dios me movió de nuestra ciudad de una manera no muy agradable a nuestro parecer aquella noche. Un día anterior llamando a un antiguo ex alumno que vivía en Estados Unidos, le pedí que hablara con su familia; que si era posible nos pudieran recibir y explicando causas y circunstancias, del por qué de dicho movimiento; esperando para ello la respuesta al día siguiente. Hoy es el día y la hora "dije en mi interior"; tuve el gusto de hablar con el padre del muchacho, explicando el caso una vez más, para lo cual después de unos momentos de conversación, aceptó recibirnos en su hogar, hablé con mi familia y en esa noche tomamos lo que nuestras manos podíamos cargar y emprendimos el camino hacia el puente internacional, que nos cruzaría hacia los Estados Unidos. Fue un viaje de tres horas aproximadamente, dejamos atrás nuestra ciudad, nuestra casa, amigos y familiares, padres, hermanos en Cristo y compañeros de trabajo. Todo quedó atrás.

Manejando en silencio, sólo un nudo en la garganta se me hacía y trataba de contener el llanto, mis ojos poco a poco iban perdiendo la visión a causa de las lágrimas que humedecían mis ojos y empezaban a correr por mis mejillas, haciendo dificultoso el manejo por dicha situación.

Solo en el camino y Dios como testigo en aquella oscura noche, corríamos en la carretera hacia nuestro nuevo destino, hacia nuestra nueva tierra; recordando al patriarca Abraham cuando Dios le dijo Abram: *"Vete de tu tierra, de tu parentela y de la casa de tu padre, a la tierra que te mostraré. Yo haré de ti una gran nación. Te bendeciré y engrandeceré tu nombre, y serás bendición. Bendeciré a los que te bendigan, y a los que te maldigan maldeciré. Y en ti serán benditas todas las familias de la tierra."* (Génesis 12:1-3).

Dejó la comodidad y seguridad de la gran ciudad. No sabía adonde iba, pero confió en Dios para orientación y protección. Dios había dicho a Abram que saliera de su patria, sus familiares, dejara atrás sus raíces y la casa de su padre. Salió de su patria, pero no dejó su parentela, el cual explicaré con detalle como en mi vida personal Dios me enseñó a desprenderme de mi parentela.

Mientras manejaba, no encontraba sentido a tal situación, muchos interrogantes pasaban por mi mente, *"¿Por qué, Dios, así? "¿Por qué? Si te sirvo, creo en ti, sirvo en mi iglesia, por qué... Si lo único que quiero es serte útil".*

Era el maestro de la escuela dominical por más de diez años, interrumpidos, trabajaba en las noches como maestro del Instituto Bíblico Capernaum y al otro lado de la frontera; apoyaba al Instituto Bíblico Getsemani, donde mi esposa estudiaba para el ministerio. Amaba la enseñanza, impartía cursos a matrimonios, jóvenes y en ocasiones apoyaba a las iglesias con películas cristianas. Tenía ya un gran trabajo como siervo de mi Señor. *Que salió mal, me preguntaba...* Que sucedió para que se diera tal transitar de mi vida y de mi familia.

En tiempo y forma, llegamos al lugar previsto, la familia García nos recibió de muy buena manera, ubicándonos en nuestras habitaciones las cuales serían nuestro nuevo hogar. Agradecí las atenciones recibidas a la familia anfitriona y después de algunos minutos de charla nos dispusimos a ir a dormir y descansar del viaje agotador que habíamos tenido.

Al siguiente día me vi en la necesidad de salir con unos hermanos en Cristo y meditando aún en su palabra, tratando de encontrar sentido a sus verdades, Dios trajo a mi mente *"aquella prédica"* que una ocasión tuve la oportunidad de exponer en mi iglesia en México, *"La oración de Jabes"* fue un sermón excelente aquel domingo en la mañana, el pueblo de Dios se gozó con ella y recibió fortaleza en sus vidas, pero ahora yo la recordaba sin encontrar sentido a lo que me estaba sucediendo. Sin saber que se haría *rema* (el Rema es la palabra escrita pero revelada por el Espíritu a nosotros los creyentes). Rema en mi vida, literalmente.

Rema *(es la palabra escrita pero revelada por el Espíritu a nosotros los creyentes).*

> *Y sabemos que a los que a Dios aman, todas las cosas les ayudan a bien, es a saber, a los que conforme al propósito son llamados.* (Romanos 8:28)

Volviendo a Abram, Dios le dijo a Abram *"Vete de tu tierra y de tu parentela, y de la casa de tu padre, a la tierra que yo te mostraré, y haré de ti una nación grande, y te bendeciré, y engrandeceré tu nombre, y serás bendición"* (Gen 12:1-2).

Esta es una increíble promesa que Dios le entregó a Abram, para después ser "Abraham" pero demandaba de él que saliera de su tierra y de su parentela para cumplirla. Dios nos ha llamado para cumplir su propósito y te ha prometido grandes cosas, pero, ¿qué estás haciendo para ver su cumplimiento?

Cuando mi esposa fue sanada de Lupus, mi deseo fue dar a conocer los milagros que el Dios altísimo había hecho con ella, pero ¿cómo?, ¿cuándo? y ¿dónde?; eran mis interrogantes. En México no había oportunidad de recorrer las naciones para cumplir la gran comisión, cómo haría posible este propósito puesto en mí por Dios.

Las puertas de Enlace, TBN se abren para dar el testimonio, de un milagro poderoso.

Me pregunté, a todas las naciones, imposible viajar.

Y les dijo: Id por todo el mundo y predicad el evangelio a toda criatura. (Marcos 16:15)

Id es un verbo, es una orden, por demás incuestionable, sólo se ejecuta. Cómo cumplir el mandato de nuestro Señor Jesucristo, de ir y predicar el evangelio a toda criatura hasta lo ultimo de la tierra… Pero ahora por medio de los avances tecnológicos, la televisión y en este caso el Internet, podemos llegar a cualquier rincón de la tierra. La experiencia incomparable de conocer la verdad y haber experimentado la sanidad divina, como aquella mujer de flujo de sangre; no puedo callar lo que Él hizo en la vida de mi esposa, un milagro: sanada de Lupus. Cuando los médicos nos decían que ya no había nada que hacer, el Señor dio su Palabra poderosa y cambió todo diagnóstico médico.

No sabía que aquí, en Estados Unidos; Dios nos abriría las puertas de la televisión, de Enlace, TBN canal cristiano. Se presentó la oportunidad por medio de una hermana que asistía a nuestra iglesia y tenía contacto con la productora del programa para mujeres que salía cada miércoles en la cadena de Enlace. Dicha hermana desde el Estado de Virginia vino a recabar testimonios de poder para su programa.

El poder dar el testimonio en la red, de la sanidad de mi esposa y la liberación de mi vida, sacado de las tinieblas a su luz admirable; y no sólo eso sino que ahora

Dios me había iluminado a escribir este libro, el cual está siendo inspirado por el Espíritu Santo con las experiencias que el Señor me ha dado de su gloria y su poder. Este es el propósito para nuestras vidas de parte de Dios, de dar a conocer el Evangelio, las Buenas Nuevas, que hay esperanza en Jesús. El recorrido por nuestro desierto no fue fácil, hubo momentos en que deseamos regresar, en ocasiones el agua faltó (espiritual) pero Él siempre estuvo ahí, nos alentó a seguir,

"Un poco más y llegaremos" "un poco más
y verás mi gloria".

Capítulo II

El mundo en decadencia

El engaño es el motor del sistema mundial, hoy los valores humanos se están perdiendo, nuestras generaciones de jóvenes están perdiendo la visión, están dejando, de amar, respetar y honrar a sus padres, de respetar al prójimo; han cambiado lo bueno por lo malo, han invertido los valores, se ha dejado de practicar la buena moral. Los buenos hábitos y costumbres, la educación y la preparación secular no han sido capaces de cambiar a la humanidad; nunca antes el mundo ha sido tan devastado, como hoy en día.

Porque habrá hombres amadores de sí mismos, avaros, vanagloriosos, soberbios.

¡Ay de los que a lo malo dicen bueno, y a lo bueno malo; que hacen de la luz tinieblas, y de las tinieblas luz; que ponen lo amargo por dulce, y lo dulce por amargo! (Isaías 5:20).

Según el diccionario de la lengua española "Decadencia f. Declive, deterioro, principio de debilidad y desintegración".

En el área espiritual sucede lo mismo, el estado de decadencia espiritual se caracteriza en la ausencia de gozo y deleite espiritual. Es un estado de deterioro que está pasando desapercibido ante la sociedad, pero lo más preocupante es que se ha introducido este espíritu a las iglesias. No hay culpables, el mal se encuentra en el corazón del hombre, ahí emana el problema.

Porque del corazón salen los malos pensamientos, los homicidios, los adulterios, las fornicaciones, los hurtos, los falsos testimonios, las blasfemias. (Mateo 15:19)

Hoy el mundo está en decadencia, en todas las esferas sociales, culturales y educativas, sin importar el estatus o modus vivendi; pero basándome en un solo rubro, en este caso el de educación, como maestro; en una ocasión se me envió a un curso de calidad educativa en México, el dilema que embargaba en aquel entonces a la Secretaría de Educación Publica; era que los alumnos no estaban adquiriendo el proceso enseñanza aprendizaje. Algo estaba sucediendo en los muchachos, no estaban aprendiendo y el nivel de deserción escolar iba en aumento.

La conclusión a la cual se llegó, es que no era el sistema metodológico, didáctico y pedagógico el que estaba fallando; ni aun el elemento humano, o sea el maestro, no era el nivel socioeconómico de los educandos, ni el entorno del medio ambiente donde se desenvolvía, era algo profundo dentro del alumno lo que no lo dejaba adquirir, asimilar y estructurar el conocimiento.

La misma Secretaría llegó a la conclusión que era cuestión del alma, era espiritual el problema; y que para solucionar el problema académico, era necesario primero solucionar el problema espiritual del educando.

Para ello la misma Secretaría dentro de la Calidad Educativa lanzó el curso a la docencia, sobre la problemática presentada en el aula. Atacar el problema espiritual y por ende la calidad educativa aumentaría.

Ninguna filosofía humana cambia

La Secretaría de Educación Pública llevó un plan de estudios, en el cual los educadores serían parte esencial para la transformación del ambiente educativo. Pero una gran verdad surge; ninguna filosofía humana cambia, no hay método humano capaz de transformar una vida, pero las técnicas y recursos que se quisieron emplear, fueron "meditación, yoga, la metafísica y aun mismo la psicoterapia positiva", la cual trata sobre el estudio científico de la felicidad que toma en cuenta las fortalezas y virtudes de las personas.

Con la inmersión en la mente desde las emociones positivas, el optimismo, la esperanza, la reconstrucción positiva del pasado, el perdón, se quiere lograr que las cosas del día a día se conviertan en herramientas poderosas para vivir una vida plena y más feliz; pero nada de esto funciona a largo plazo, solo Jesús ofrece ese precioso descanso, esa preciosa paz que sobrepasa todo entendimiento.

Mirad que nadie os engañe por medio de filosofías y huecas sutilezas, según las tradiciones de los hombres, conforme a los rudimentos del mundo, y no según Cristo. (Colosenses 2:8)

La Biblia (Palabra de Dios para todos) es más clara y concisa al expresar de la siguiente manera:

¡Ojo! No permitan a nadie usar la filosofía humana para ganarse su confianza y tomar control de ustedes. No se dejen engañar por gente que viene con ideas falsas que no significan nada. Esas ideas vienen de los poderes espirituales del mundo y de las tradiciones de los hombres, no vienen de Cristo. (Colosenses 2:8)

Ahí mismo me di cuenta de la gran necesidad de compartir el evangelio a toda criatura, a los compañeros maestros, padres de familia y aun mismo a los niños, a los alumnos que pasaban por nuestras manos.

En este curso tuve la oportunidad de presentarles el evangelio a mis compañeros, les di a conocer el milagro precioso que recibí de sanidad en la vida de mi esposa, les dije como la ciencia misma la había desahuciado, no había esperanza, todo recurso médico se había agotado y económicamente me había endeudado.

Cada compañero expresó sus experiencias con los niños y aun mismo sus vivencias en sus familias, como la situación misma de sus existencias, el estrés y la depresión hacían presa de sus vidas.

El propósito de nuestras vidas, es dar a conocer las buenas nuevas, que hay en Jesús.

Era la oportunidad que el Señor me estaba dando, la cual aproveché al momento, para darles las buenas nuevas y decirles que si hay un método que funciona, mejor que toda filosofía y pedagogía juntas, que hay un hombre que conoce el alma, que trata con ella y la transforma.

Solo Él puede cambiarlo todo en un instante, de antemano, les expresé, no es el psicólogo Sigmund Freud padre del psicoanálisis, no es ningún método de regresión.

Hay un gran Maestro, un didaskalos capaz de cambiar a la persona mas oprimida y necesitada, capaz de trasformar la vida en un instante, su nombre es Jesús, un nombre que es sobre todo nombre.

Por lo cual Dios también le exaltó hasta lo sumo, y le dio un nombre que es sobre todo nombre, para que en el nombre de Jesús se doble toda rodilla de los que están en los cielos, y en la tierra, y debajo de la tierra; y toda lengua confiese que Jesucristo es el Señor, para gloria de Dios Padre. (Filipenses 2:9-11)

Es hora de decirle al mundo, que hay esperanza, que hay otra forma de vivir, que Cristo es la respuesta, ni la psicología o la filosofía misma, ni con mis años de experiencia en la pedagogía pude cambiar una vida.

Dentro de mi vida anterior donde vivía sin Cristo y sin esperanza, fui amante de los estudios paranormales, parasicológicos, que ellos mismos me llevaron a la astrología, cartomancia y la excursión a lo oculto, aun el deseo de pertenecer a la secta de los rosacruces; buscando respuestas al sufrimiento que vivía, a la soledad que embargaba mi vida, nada de ello cambió mi ser, sólo el encuentro con el maestro, con el *Gran Yo soy.* Obtuve el cambio radical en mi ser. Nací de nuevo.

Ningún método humano cambiará una vida, nada conocido por el hombre y creado por él trasforma una vida, tolo lo que hace es momentáneo. Sólo alivia el dolor, pero no lo quita. Sólo la sangre preciosa de nuestro Señor Jesucristo derramada en la cruz del calvario es la única; pero para ellos nosotros que conocemos la verdad tenemos que hablar, tenemos que enseñar a todo aquel que necesite la salvación.

La gente se está perdiendo, está en agonía espiritual y nosotros los hijos de Dios con la respuesta en nuestras manos, es hora de salir a cambiar al mundo con la ayuda del Espíritu Santo. No lo haremos solos, nos es con ejércitos, no serán con nuestras fuerzas, sino con su Santo Espíritu. Su Palabra dice en Hechos, que recibiremos poder cuando haya venido sobre nosotros el Espíritu Santo. Pero quién lo hará, quién irá y cómo la gente creerá que hay respuesta a su necesidad.

¿Cómo, pues, invocarán a aquel en el cual no han creído? ¿Y cómo creerán en aquel de quien no han oído? ¿Y cómo oirán sin haber quien les predique?

¿Y cómo predicarán si no fueren enviados? Como está escrito ¡Cuán hermosos son los pies de los que anuncian la paz, de los que anuncian buenas nuevas! (Romanos 10:14-15)

Estas experiencias me motivaron a buscar la forma de predicar y enseñar las verdades de nuestro Señor Jesucristo y dar a conocer a toda aquella persona que necesitara escuchar que Jesucristo es el mismo ayer y por los siglos, que Él sigue haciendo milagros, si le buscas le hallarás.

Esto me motivó a la realización de una página Web en el Internet, www.jeriba.es.tl, y a la vez quise aprovechar la de Asambleas de Dios México, en el link de amigos, dando de alta el testimonio de mi esposa, de cómo Dios le sanó poderosamente al instante. Dicho testimonio impactó de gran manera a los lectores y a algunos hermanos y personas hispanohablantes que por medio de correos electrónicos me enteraron de cómo tocó sus vidas y la fe se acrecentó en ellos, al leer el mensaje del milagro de sanidad, pidiendo en oración por sus vidas, ya que algunos de ellos estaban siendo atribulados en sus cuerpos por medio de la enfermedad.

Recibí correspondencia de varios países, como Cuba, Argentina, Italia y aun Holanda y el territorio americano de los estados de California, Texas y Nuevo México, fueron bendecidos con la Palabra y el milagro poderoso que Dios hizo en mi esposa.

Tú que lees este libro, quiero decirte de igual manera que no importa qué circunstancias o problemas tengas, el saber que cuando ya nadie nos daba la solución a nuestras necesidades; no importa el resultado clínico del médico, si tu enfermedad es difícil, aun los médicos digan una gran verdad basados en los exámenes clínicos; recuerda que el Señor ya llevó todas nuestras cargas en la cruz del calvario.

No importa tu situación financiera, o tu problema matrimonial; Él es la respuesta a todo lo que nos falte, Él nos ama con amor eterno y prolonga su misericordia. Él volvió sus ojos a nosotros, nos tomó en sus brazos y nos amó. Nos ha llamado la niña de sus ojos.

Mi Dios, pues, suplirá todo lo que os falta conforme a sus riquezas en gloria en Cristo Jesús. (Filipenses 4:19)

Sólo te digo búscalo, sumérgete en el río de su Espíritu y lo hallarás. Sabes, hoy sólo deseo, más que nunca, escuchar su dulce voz, caer ante sus pies, pasar un momento en su presencia; y entregarle todo mi ser. Tener una inolvidable experiencia con mi Señor.

Hoy te invito a venir a Jesús, acéptale como su Salvador y todas las cosas serán hechas nuevas.

Hoy le busco sólo por amor, sólo porque Él me amó primero, es el anhelo de mi alma, supe que me amaba cuando aún perdido estaba, y aun así me dio su perdón.

Entrego mi vida al ministerio, a servirle por amor, a experimentar la compasión que Cristo tuvo al estar frente a la gran multitud. La mies es mucha y obreros faltan hoy, ven sigue a Jesús y Él cambiará tu vida y caminarás con Él.

CAPÍTULO III

DIOS QUIERE BENDECIRNOS

De igual manera lo que le pasó a Abraham, pasa con nosotros, Dios quiere bendecirnos, pero no nos agrada en ocasiones la forma que Dios utiliza para cumplir su propósito en nuestras vidas. Si queremos ver el cumplimiento de su Palabra debemos cuidar el proceso, para así poder caminar en su voluntad, y para esto es indispensable escuchar la voz de Dios para no desviarnos.

Él quiere restablecer la comunicación, pero cerramos nuestros oídos espirituales.

En muchas ocasiones el Señor ha querido tratar con nuestras vidas, bendecirnos, pero no cedemos y no dejamos lo que hacemos, porque consideramos que aún no es tiempo.

Te hablé en tu prosperidad, pero dijiste: 'No escucharé'. Este ha sido tu camino desde tu juventud; que nunca has escuchado mi voz. (Jeremías 22:21)

De alguna u otra manera el Señor ha tratado de comunicarse con nosotros, pero cerramos nuestros oídos espirituales, ocupándonos de nuestras actividades cotidianas, de nuestros afanes en la vida. Su deseo es restablecer la comunicación con el emisor y llevar a cabo la comunicación.

NOS QUEDAMOS EN HARÁN

El caminar de Abraham tuvo tropiezos y vacilaciones, en (Génesis 11:31) podemos ver que la familia indirectamente impidió que él pudiera responder completamente al llamado de Dios, fue su padre Taré el que tomó la iniciativa de salir de Ur, pero se establecieron en *Harán* y no en la tierra a la que tenían por meta, que era Canaán.

No solo Abram tuvo dificultades para creer. La Biblia está plasmada de hombres que le sirvieron, pero en algún momento sus vidas fueron opacadas y dudaron; como el caso del profeta Elías poderosamente usado por Dios, desafiando a los cuatrocientos cincuenta profetas de Baal, y después huyendo temeroso por perder su vida, pero Dios siempre estuvo de su lado.

Algunos de ellos mal aconsejados, como el caso de Balam; lo hallamos al servicio de un rey que le ordenó que maldijese a Israel, el pueblo de Jehová; al ir en busca de una revelación de Dios utilizó prácticas paganas.

¿Hemos permitido y dejado nuestra vida en manos de otros? y por consiguiente el fruto es el fracaso.

En muchas ocasiones permitimos que otros tomen la iniciativa, y hablen por nosotros, y por consiguiente las decisiones que se hacen están equivocadas; están hechas a sus perspectivas y no a las nuestras, por ende los resultados son negativos.

Harán fue un lugar que no estaba contemplado por Dios para Abraham, un lugar donde la misma presencia de Dios se manifestaría por primera vez en su vida, aquí él recibió instrucciones por parte del Señor. Es así como Dios no nos dirá cual es el siguiente paso, si no procuramos ser obedientes y dar el primero.

Tal vez muchos de nosotros estamos o hemos estado en *Harán,* un punto intermedio lleno de comodidades, que nos lleva a conformarnos con menos de lo que Dios ha preparado para nosotros, y en ocasiones a olvidar sus promesas...

Dios no había olvidado lo que Él había prometido. Me dijo "No es que haya fallado la palabra de Dios"

Así se encontraba mi vida, llena de comodidades, mi trabajo, mi familia, un milagro de sanidad divina recibido en la vida de mi esposa, una casa, carro a la puerta, seguro de mi jubilación que por derecho me había ganado en mi profesión; qué más deseaba, pero estaba realmente estacionado en mi vida espiritual. Era necesario un cambio y Dios se estaba preparando para ejecutarlo en mi vida.

Pero ahora la realidad era otra, todo se había derrumbado frente a mí, mis sueños, mis ilusiones, metas; se habían esfumado, pero Dios no había olvidado lo que Él había prometido. JABES esa preciosa oración venía a mí ser, "E invocó Jabes al Dios de Israel, diciendo:

¡Oh, si me dieras bendición, y ensancharas mi territorio, y si tu mano estuviera conmigo, y me libraras de mal, para que no me dañe! Y le otorgó Dios lo que pidió. (1 Crónicas 4:10)

Era un grito de dolor que rompía mi respirar y mis músculos se estremecían, clamaba,

"si tu mano estuviera sobre mí en estos momentos".

Clamaba misericordia y el deseo de su presencia en mi ser era todo lo que deseaba en ese momento, era un vacío que necesitaba ser lleno, un deseo de saber que me tenia en la diestra de su justicia.

Me guardares de todo peligro, "mi clamor", ¿dónde estuvo la falla?, ¿dónde me equivoqué, oh Dios? Ahora dependía sólo de Él, en una nueva nación, un idioma, una cultura, todo era un nuevo comenzar; había dejado atrás la tierra de HARÁN, había dejado mi primera estación después de mi conversión.

Y ahora el Señor se disponía a enseñarme que había que avanzar, no era todo lo que tenía para mí, aún había más, era sólo el escalón que me llevaría a encontrarme y ver el destello de su presencia. Había que proseguir la meta que Dios tenía trazada para mi vida; aún no terminaba el Señor conmigo. Pablo mismo en la Escritura hace referencia a seguir adelante.

> *Hermanos, yo mismo no pretendo haberlo ya alcanzado; pero una cosa hago: olvidando ciertamente lo que queda atrás, y extendiéndome a lo que está delante, prosigo a la meta, al premio del supremo llamamiento de Dios en Cristo Jesús.* (Filipenses 3:13-14 RV60)

Dios tiene una visión y un propósito para nuestras vidas; Él desea que usted y yo maduremos espiritualmente y como meta suprema entremos a la vida eterna.

La vida cristiana es una carrera donde el que llegue a la meta será premiado por nuestro Señor, con la corona de justicia, la pista de la carrera es el Evangelio de Cristo y el que siga corriendo por esta pista obtendrá el premio.

Dios es el único Gran Maestro en el inmenso taller donde se talla la piedra preciosa de la virtud; y las facetas de esa piedra son la bondad, el sacrificio y la sabiduría.

Aún mi carrera no había comenzado, sólo estaba en proceso de entrenamiento, era el momento de llevar a la práctica todos aquellos conocimientos y experiencias que Él me había enseñado a través de la vida diaria, mi "carrera" estaba por comenzar.

Cuando encuentres a alguien en el camino de la vida, piensa que debe quedar más feliz que como estaba.

Todos estamos inmersos en dicha carrera en la vida, y esto pone en evidencia nuestro caminar con el Señor, que tan firmes estamos en lo que hemos creído.

Afirmaciones como no estoy preparado, no tengo el conocimiento suficiente, no tengo el don o la capacidad para hacer... esto o lo otro, nos hacen eludir la responsabilidad, pero la realidad es que estamos compitiendo, nos guste o no hay una recompensa para el que corre como para aquel que desiste en la misma.

Surgen los miedos, temores, comparaciones entre quién es el mejor, actitudes negativas, pensamos que otros lo hacen mejor que nosotros y un sinfín de sentimientos y pensamientos que nos paralizan e incapacitan para competir. El apóstol Pablo no sólo nos invita a participar, sino a correrla con dignidad y con el deseo de llegar a la meta.

El Señor siguió tratando con mi vida personal y ahora me decía que a la tierra donde el me enviare, "oraré por ella, porque si ella prospera, yo prosperaré". Dios ensanchó mi territorio, hacia los Estados Unidos y en verdad me bendijo con esta familia maravillosa, que deseo que sea prosperada, así como prospera su alma. Dios las guarde, es mi deseo.

El Apóstol Pablo nos hace meditar en sus palabras al expresar *"una cosa hago, olvidando ciertamente lo que queda atrás"*.

Es interesante notar que el apóstol Pablo era un hombre de fe, de convicción, sabía su meta y visión de su llamado; logró la madurez espiritual a la que Cristo invita a cada uno de nosotros, que nos acerquemos a Él confiadamente, pero para ello expresa explícitamente, una cosa hago, olvidando ciertamente lo que queda atrás; en otras palabras, no debo vivir la vida espiritual de los triunfos pasados, de los recuerdos.

Necesitamos continuar hacia la victoria, necesitamos llegar a la estatura del varón perfecto imitando a Cristo. Es tiempo de dejar atrás, nuestro pasado, sea bueno o malo, así como las bendiciones pasadas, no vivir de experiencias espirituales anteriores; es tiempo de levantar alas como las águilas y pedir fuerzas como las del búfalo, para recibir lo que está frente a nosotros.

Sin duda recuerdas los versos del poeta Amado Nervo que dicen:

Los hombres son cual naves que pasan en la noche...
¡Adónde van, adónde!
¡Qué negro está en redor
el mar! Chocan las olas con el casco, y producen
un plañido monótono... Hace frío. Los astros
se recatan; el viento su látigo implacable
chasquea entre las sombras.

El pobre nauta tiembla de miedo. Las heladas
garras de un gran enigma su corazón oprimen;
sus esperanzas gimen
solas y abandonadas,
uniendo a los plañidos del agua su reproche.
En redor ¡cuántas cosas hostiles e ignoradas!
Los hombres son cual naves que pasan en la noche...

La figura usada por el poeta es un símil, los seres humanos, somos como naves que pasan entre las tinieblas de la noche. Pasan y desaparecen. Pero este pensamiento, lejos de resultarte deprimente debe estimularte a fin de que tu breve tránsito por la vida sea fructífero y no estéril.

Todo dependerá de cómo recorras tu carrera, dejemos de voltear hacia Egipto, esa tierra, a ese trabajo y aun ese problema que tanto nos agobia, que ha quedado atrás.

Dios no nos trajo hasta aquí para volver atrás, es momento de emprender el camino que nos llevará a la tierra prometida, que nos llevará a poseer la tierra que el nos dio. Iremos de gloria en gloria y de victoria en victoria.

Es posible que dentro de nuestro caminar con Cristo, nos podamos sentir agotados y con deseos de no seguir, hacia delante, no debemos retroceder, podríamos estar a punto de culminar nuestra carrera y estropear los planes de Dios para nuestra vida. A su debido tiempo el Señor nos recompensará y cosecharemos nuestras bendiciones que Él tiene preparado para sus hijos.

No nos cansemos de hacer el bien, porque a su debido tiempo cosecharemos si no nos damos por vencidos. (Gálatas 6:9)

El pueblo de Israel tuvo ese problema, frente al mar el cual vieron como obstáculo para avanzar y detrás de ellos el ejército del faraón, y exclamaron a Moisés llenos de temor, en Egipto estábamos mejor, empezaron a quejarse, cada situación donde la dificultad se presentaba, volteaban a su pasado, añorando lo que habían dejado atrás.

> *Salir* de tu parentela, *de tu zona de comodidad, y proseguir para tomar posesión de tu herencia.*

Volviendo a la experiencia vivida, el día siguiente que llegamos y nos establecimos en la ciudad, recibí una bendición, un sobre con una ofrenda muy especial, de un hermano en Cristo que no volví a ver; pero que fue de gran bendición para mi familia. Era una ofrenda para iniciar una nueva vida, desconociendo la cantidad de su contenido, pensaba cuánto podría ser aquello.

Porque yo sé los pensamientos que tengo acerca de vosotros, dice Jehová, pensamientos de paz, y no de mal, para daros el fin que esperáis. (Jeremías 29:11)

Dios empezaba a acomodar sus bendiciones para sus hijos y sus propósitos. Conforme Él nos ha llamado empezaban a aclararse. Era una excelente ofrenda para empezar a instalarnos en esta nación, guardándonos de todo peligro. Clamando a Dios aun con tan grandes manifestaciones de su poder, pero buscando la guía del Señor, para no cometer un error más en mi caminar con Él, "exclamé":

"Señor, si esta es la tierra de Canaán para mí y mi familia, tú me suplirás las necesidades que se vayan presentando conforme a tus riquezas en gloria".

Vengo a ti, Señor, con estas necesidades, las cuales enumeré como prioridades. Dame, Señor, un apartamento que yo pueda pagar con moneda mexicana (pesos); ya que era mi plan regresar a México, para seguir trabajando de maestro y desde allá mantenerlos.

No pude desprenderme de mi parentela, para lo cual en mi persona era mi trabajo. Hasta este momento; la orden que Dios le dio a Abraham de salir de su tierra y su parentela, *dejaba mi ciudad, pero me aferraba a mi parentela (trabajo).*

Y cualquiera que haya dejado casas, o hermanos, o hermanas, o padre, o madre, o mujer, o hijos, o tierras, por mi nombre, recibirá cien veces más, y heredará la vida eterna. (Mateo 19:29)

La orden era el todo, dejarlo atrás recordándome que debía de salir de allí, *de tu parentela, de tu zona de comodidad, y proseguir para tomar posesión de tu herencia, de tu promesa, ¡de tu premio!*

Seguía pidiendo, Señor, que esté cerca de una tienda, un supermercado (HEB) para que a mi esposa no se le dificulten las compras de los comestibles.

Señor, una iglesia, donde podamos reunirnos a buscar tu rostro, la escuela de mis hijos, Señor, que no se dificulte su entrada y traslado; bendíceme como a Jabes Señor, necesito tu unción, tu misericordia y bondad en mi familia. Clamé como el salmista dice: el (Salmo 142:1,4-8, 10)

Señor, escucha mi oración; tú, que eres fiel, atiende a mi súplica; tú, que eres justo, escúchame. Mi aliento desfallece, mi corazón dentro de mí está yerto. Recuerdo los tiempos antiguos, medito todas tus acciones, considero las obras de tus manos y extiendo mis brazos hacia ti: tengo sed de ti como tierra reseca.

Escúchame enseguida, Señor, que me falta el aliento. No me escondas tu rostro.

En la mañana hazme escuchar tu gracia, ya que confío en ti. Indícame el camino que he de seguir, pues levanto mi alma a ti.

Enséñame a cumplir tu voluntad, ya que tú eres mi Dios. Tu espíritu, que es bueno, me guíe, por tu nombre, Señor, consérvame vivo; por tu clemencia, sácame de la angustia.

Nos habíamos instalado en San Antonio en una área que de momento nos había gustado, las escuelas para mis hijos estaban cerca, y la nuera de la familia en la cual nos habíamos quedado trabajaba en una escuela elemental, y ella nos orientó para que nuestros hijos asistieran ahí.

Esta familia asistía a una iglesia localizada entre Loop 410/Evers, que posteriormente fue una bendición y lugar que el Señor usó para nuestra bendición. Una iglesia que anteriormente cada vez que visitaba esta ciudad, le comentaba a mi esposa, algún día iremos a ella, pero para mi sorpresa; esta familia era miembro de esta iglesia.

Cierto día, después de haber asistido a ella, conocí a un hermano en Cristo que me invitó a acompañarlo por la ciudad, y me comentó que conocía a una manager de apartamentos que podría ayudarme a rentar uno.

Salimos hacia el área del Northwest, y llegamos al lugar indicado y en mi interior me decía por qué en esta área, ya me había agradado donde estaba, pero el Señor estaba acomodando esa petición que le había pedido anteriormente.

Era el lugar indicado que el Señor me tenía. Abraham fue bendecido en el lugar que Dios le tenía reservado. No fue el hombre quien me llevó a este lugar, sino que el plan y propósito de Dios para nuestras vidas se llevara acabo fue lo que determinó llegar a estos departamentos. Al hablar con la manager que era cristiana, y cerca de la iglesia a la cual yo asistía. Para mi sorpresa estaba solo a un cuarto de milla donde estaban los apartamentos, cerré el trato del alquiler, el cual podía pagar sin ningún problema.

Dios me seguía sorprendiendo cada vez, ya que detrás de dicha iglesia y la misma distancia se encontraba un supermercado (HEB). Era exacto como yo lo había pedido, y mis hijos ahí serían recogidos por el camión escolar, gloria a Dios porque cumplió y concedió mi petición.

Aquella ofrenda que anteriormente comenté me sirvió para comprar los utensilios necesarios para habitar dicho departamento y comprar la despensa para mi familia.

Señor, una vez más, gracias por estas bendiciones, pero no tengo muebles, Padre, súplelos también, necesito, Señor, una cama, un sofá cama, una mesa con cuatro sillas.

La Biblia está plasmada de muchas bendiciones para nuestras vidas, y ella registra muchas declaraciones de Dios, las cuales los cristianos las recibimos como "preciosas y grandísimas promesas".

Él siempre cumplirá su Palabra, y todo lo que promete lo cumple, lo expresa categóricamente al expresar, *"acaso mi Palabra ha fallado".* Pero, la más grande y poderosa promesa, la constituyen los pasajes bíblicos que hablan de la Salvación o Vida Eterna, que para obtenerla no tenemos que pagar nada. Es un ofrecimiento gratuito de Dios para todos.

El Señor no retarda su promesa, según algunos la tienen por tardanza, sino que es paciente para con nosotros, no queriendo que ninguno perezca, sino que todos procedan al arrepentimiento. (2 Pedro 3:9)

El Señor no retarda su promesa, y al día siguiente recibí la bendición de mi petición, así literalmente como lo expongo, sólo una televisión, Señor, hace falta para mis hijos. Señor, súplela también, para la gloria de Dios, esa preciosa oración de Jabes se cumplió,

"Y el Señor concedió todo lo que pidió".

Un hermano en Cristo que me presentaron me la obsequió. Estaba satisfecho por las bendiciones del Señor, ahora estaba listo para regresar a México, había instalado a mi familia, la iglesia cerca y la tienda no se diga de igual manera y qué más pedir mis hijos habían sido ya inscritos en el distrito escolar del Northwest.

Regresé a México a mi trabajo secular de maestro en una escuela pública y cada fin de semana venía a ver a mi familia y a traerles el sustento. Por espacio de cuatro años estuve trasladándome cada fin de semana de México a Estados Unidos, esperaba ansioso cada viernes para ir a verles y pasar el tiempo con ellos en aquella ciudad. Asistíamos periódicamente a la iglesia cada domingo y terminada la jornada del fin de semana; cada domingo en la noche me despedía de ellos y retornaba a México.

Dejaba mi ciudad, mas no mi parentela

Mi parentela era mi trabajo profesional, sólo me faltaban cinco años para terminar y jubilarme con tiempo completo, este tiempo era cuando me dispuse a quedarme en Estados Unidos, al momento de estar escribiendo estas líneas, sólo me restan tres años y medio.

Me siento seguro, me decía a mí mismo, con un bienestar que me darían todos estos años de servicio a la educación. Seguro médico, mi pensión y un hogar edificado. Pero para mi sorpresa, el cambio de sexenio de un presidente a otro, todo cambió, todo se desvaneció.

"No permitas que las crisis se apoderen de ti, míralas como oportunidades y de seguro vas a triunfar".

El sistema ISSSTE (Instituto, de Seguridad Social y de Servicios de los Trabajadores del Estado) al cual yo pertenecía colapsó señalando que el incremento de la esperanza de vida en México ha provocado que el número de jubilados aumente, lo cual va colapsando el régimen de pensiones de la institución, y opta el gobierno por cambiar la ley del ISSSTE por una nueva, considerando la anterior obsoleta en nuestros tiempos.

De ahí, enfatizó, la necesidad de que el Congreso apruebe lo antes posible la reforma al ISSSTE, que además de que ayudará financieramente al instituto, fortalecerá la atención a los derechohabientes.

"Es hora de poner al ISSSTE al día y de asegurar su viabilidad para garantizar la atención de más de 10 millones de mexicanos, por lo que se requiere construir una nueva fórmula social para los servidores del Estado". Esto trajo como consecuencia que todos nos viéramos afectados, ya que nuestras jubilaciones se modificarían, y aumentarían los años para dicha prestación. Los cinco años que me faltaban se convertían ahora en quince años más, para poder recapitalizar las arcas del sistema.

En mi vida personal y profesional fue afectada, pero esto me trajo una reflexión a mi vida, me di cuenta que mi confianza, mi esperanza estaba en un sistema de gobierno, en un sistema de retiro humano que falló y colapsó.

La seguridad que tenía estaba cimentada en mi preparación académica, en mis propias fuerzas, la confianza que tenía hacia Dios era condicionada, no era absoluta.

¿Qué hago en la peor circunstancia? Oí, y se conmovieron mis entrañas; a la voz temblaron mis labios. (Hab.3:16)

La vida es un asunto de actitud y la actitud es un asunto de decisión, y cada uno elegimos que tipo de actitud vamos a tomar ante las crisis, los problemas o situaciones que se me puedan presentar. La reacción que tengamos dicta en dónde está nuestro corazón.

Me di cuenta de que no tenía la fe suficiente ante la problemática que se me estaba presentando en ese momento, y del gran error en el que vivía, y pedí perdón a Dios, me acerqué a Él avergonzado; y elegí confiar en Él absolutamente. Confiar en la economía del cielo, empezaba Dios a quitarme toda atadura que impedía seguirle a Él.

"Jehová estará con vosotros, si vosotros estuviereis con él; y si le buscareis, será hallado de vosotros; mas si le dejareis, él también os dejará" (2 Crónicas 15:2).

"Jesús quiere dirigir nuestros caminos". Quiere guiarnos de una manera tal como lo hizo con Abraham, Isaac, Jacob, Moisés, Josué y tantos hombres de la fe y como de una manera tan segura condujo a los israelitas de Egipto a Canaán.

Durante el día nunca les faltó la nube, ni la columna de fuego durante la noche. Para marchar por el buen camino, los fieles sólo tenían que seguir los signos de la presencia de Dios en medio de ellos. Si tomaban otro camino y se extraviaban, lo hacían voluntariamente. Aunque no todos recibieron lo prometido, sino mirándolo de lejos, y creyéndolo, y saludándolo, y confesando que eran extranjeros y peregrinos sobre la tierra. Pues si hubiesen estado pensando en aquella de donde salieron, ciertamente tenían tiempo de volver.

No sé cuál sea tu situación, pero déjame decirte, con amor eterno nos ha amado y ha prolongado su misericordia, nos ama tanto que ofreció a su hijo unigénito para salvación nuestra.

En este país he oído del sueño americano, de la ilusión de llegar a obtener la ciudadanía de este país, una casa, un auto y una solvencia económica para la familia y se lucha toda la vida para ello, es un desgaste duro en la vida, no todos lo logran; pero luchan hasta poder alcanzar el sueño americano, se cruzan fronteras, países y la vida misma se arriesga para llegar a la meta trazada y si se fracasa, se vuelve a intentar nuevamente.

La vida cristiana es de igual manera, pero la recompensa es mayor, se deja todo por correr la carrera, por llegar a la meta, por lograr llegar al supremo llamamiento. Somos forasteros aquí; somos extraños y extranjeros, peregrinos y advenedizos en la tierra, como lo fueron nuestros padres. En las palabras de la Sagrada Escritura: "Aquí no tenemos ciudad permanente", sino que "deseamos una patria mejor", a saber, la celestial.

Mas nuestra ciudadanía está en los cielos, de donde también esperamos al Salvador, al Señor Jesucristo. (Filipenses 3:20)

Así mismo Dios ofrece no una terrenal sino celestial, porque nuestra ciudadanía está en los cielos, de donde también ansiosamente esperamos a un Salvador, el Señor Jesucristo, aguardando la esperanza bienaventurada y la manifestación de la gloria de nuestro gran Dios y Salvador Cristo Jesús.

Porque no tenemos aquí una ciudad permanente, sino que buscamos la que está por venir. (Hebreos 13:14)

Dios quiere cumplir tus sueños, tus anhelos, sólo búscalo, anhela algo mejor que lo terrenal, anhela su presencia, su unción, pide que te llene de su Espíritu. Sé como los hombres de la fe que anhelaban algo mejor, esto era, celestial; por lo cual Dios no se avergüenza llamarse Dios de ellos.

Porque esperaba la ciudad que tiene cimientos, cuyo arquitecto y constructor es Dios. (Hebreos 11:10)

Dios es fiel y lo que promete lo cumple, su Palabra no ha fallado, siempre llega a tiempo, en su tiempo (kairos) y no (cronos) tiempo terrestre. El Señor me concedió un milagro, recibiendo después de un tiempo una carta del sistema de jubilaciones del ISSSTE de los trabajadores de la educación, de la capital México D.F. donde una cláusula de la nueva ley del ISSSTE decía lo siguiente: a mi persona queda excluido del nuevo programa por edad y años de servicio al 2010 y no se me aplicaría dicho sistema y me quedaba en el sistema anterior.

En mi angustia invoqué a Jehová, Y clamé a mi Dios. Él oyó mi voz desde su templo, Y mi clamor llegó delante de él, a sus oídos. (Salmos 18:6)

Ahora vivo creyéndole a Él, confiando en su Palabra, hoy me sostengo como viendo al invisible. Hoy vivo un día a la vez.

Confía en el SEÑOR con todo tu corazón, y no te apoyes en tu propio entendimiento. Reconócele en todos tus caminos, y Él enderezará tus sendas. No seas sabio a tus propios ojos, teme al SEÑOR y apártate del mal. Será medicina para tu cuerpo y refrigerio para tus huesos. (Proverbios 3:5-8)

La Palabra nos instruye a reconocer a Dios en todos nuestros caminos. Esto significa consultar con Él antes de tomar decisiones, aun en la compra de cualquier artículo, casa, carro, etcétera. He aprendido a preguntar a Dios, si lo compro o no mi confianza en Él es esencial para mi vida ahora; y sé que Él hará cuanto ha prometido, sin dudar.

La mente del hombre planea su camino, pero el SEÑOR dirige sus pasos. (Proverbios 16:9)

Capítulo IV

Mi alma, anhelaba buscar su presencia

Uno de los aspectos más interesantes de mi vida, en estos últimos tres años; fue la experiencia extraordinaria de encontrarme cara a cara con Dios, me permitió ver ese precioso destello de su gloria, es por demás decir inefable, no lo puedo explicar con palabras humanas cómo sucedió.

Rompería con los estándares de la literatura y la exégesis de la hermenéutica. Acabaría con las leyes de la física, traspasando tiempo y espacio. Pero sí puedo clamar como aquel ciego que dijo: No lo sé; una cosa sé, que habiendo yo sido ciego, ahora veo (Juan 9:25). Fue el vacío de mi alma el cual me orilló a buscar y anhelar su presencia.

Como el ciervo brama por las corrientes de las aguas, Así clama por ti, oh Dios, el alma mía. (Salmos 42:1)

Canta el salmista: "De mi vida errante llevas tú la cuenta" (Salmo 56:9)

En esta frase breve y esencial se resume la historia del hombre que vaga en el desierto, de la soledad misma que le invade, del vacío que lleva en su alma, de la separación de su Creador; que el pecado ha roto la admirable armonía de la creación establecida por Dios en los orígenes. Fue el vacío mismo que sentía en mi alma la que me orilló a buscar su rostro.

Había logrado académicamente mi superación profesional en el área educativa y por razones de trabajo me vi envuelto en cuestiones sindicales del magisterio regional. Logré el respeto de mis compañeros, amigos y hermanos en Cristo de la iglesia a la cual asistía periódicamente, me sentía satisfecho por estos logros y triunfos académicos y profesionales; era un tiempo de bonanza en mi vida, pero algo andaba mal...

Mi familia no estaba conmigo, no disfrutaba dichas bonanzas ya que ellos se encontraban fuera de casa; en otro país, los cuales sólo veía cada fin de semana.

Vanidad de vanidades, dijo el Predicador, todo es vanidad. (Eclesiastés 2:8)

Vanidad de vanidades, todo es vanidad exclamaba el predicador, ¿qué provechos tenía realmente todo lo hecho abajo el sol?, todas las cosas se han convertido para mi vida en fatigosas, insaciables ante mi vista y oído.

Vivía un tiempo de bonanza en mi vida profesional, pero algo andaba mal...

Todo se ha convertido en aflicción de mi espíritu, todo lo que venía a mi mano, hacía según mis fuerzas, lo intenté todo humanamente; más nada llenaba mi ser.

Todos nacemos con un espacio vacío en nuestra vida, un espacio único, que sólo se puede llenar con Dios. Es un espacio que muchas veces creemos que lo podemos llenar con otras cosas: entretenimiento, relaciones, diversión, vicios, profesiones, hábitos, o lo que sea. Es un ir y venir, donde todo pierde sentido de ser. Es un vacío que se siente, que se percibe, que nos influye, que nos afecta, que no nos permite alcanzar la plenitud.

Es como el espacio en un rompecabezas, donde sólo una pieza cabe perfectamente. Dios es esa pieza que nos hace falta para darle sentido a nuestra existencia, la cual no puede ser reemplazada por nada o nadie más.

Así me sentía, algo estaba sucediendo en mi vida, Ahora sólo quedaba buscar a Dios con todo mi corazón,

Jeremías 29:13 dice: *"porque me buscáis de corazón me hallaréis…"*

En mis tiempos libres en México después de mis jornadas de trabajo, ya que como lo expliqué había regresado a trabajar de regreso a mi profesión de maestro; después de haber instalado a mi familia en Estados Unidos, llegue a asistir a diferentes congregaciones de mi ciudad, buscaba afanosamente calmar mi sed, no me bastaba sólo estar dos horas en la iglesia, sentía que me asfixiaba, sentía que aún faltaba algo más en mi vida.

Dios busca hoy en día, adoradores en espíritu y en verdad.

La parte esencial de mi vida, era encontrar su presencia, buscarlo hasta encontrarlo, porque quien no halla, ha perdido el tiempo, la oración sin respuesta pide de nosotros algo más que la propia respuesta en sí.

Me mostrarás la senda de la vida; en tu presencia hay plenitud de gozo; delicias a tu diestra para siempre. (Salmos 16:11)

Imaginemos al sol sin su calor, o el agua sin humedad, el hombre sin amor, una oración sin respuesta, y una cruz sin su victoria; nada de diferente tienen entre ellos. Nuestra vida sin su presencia, sin su unción, sin su poder, no tiene sentido.

Hay algo más, me decía a mí mismo, no es todo lo que hay. Había leído sobre Jabes, su preciosa oración, sobre como Dios cambió su condición, de maldición, a bendición.

Ahora había topado con la portada de un gran libro que decía, "Más allá de la oración de Jabes" buscaba una vez más la respuesta a mis interrogantes, y la respuesta estaba en buscar en espíritu y en verdad su presencia, anhelando ser del agrado y conforme al corazón de Dios.

La Palabra de Dios mismo nos dice que vendrá un tiempo en que se le buscará en espíritu y en verdad.

Nosotros somos el templo del Dios viviente. Nuestro espíritu mismo busca afanosamente esa comunicación perdida.

Cuando el Señor dijo que *los verdaderos adoradores*, adorarían *"en espíritu",* no cambió las pautas de adoración, lo que cambió fue el sitio del Templo, el cambio fue de lugar y la expresión física símbolo de todos sus matices a una realidad espiritual, a una cohabitación en su presencia, de esta forma, no hay límite de horas, ni barreras geográficas, ni fronteras posibles, ni espacios excluidos a nuestra adoración a Dios Padre. Dios ha hecho de nosotros *el Templo del Dios viviente.*

> *¿No sabéis que sois templo de Dios, y que el Espíritu de Dios mora en vosotros? Si alguno destruyere el templo de Dios, Dios le destruirá a él; porque el templo de Dios, el cual sois vosotros, santo es.* (1 Co. 3:16-17)

Recuerda que cuando tu corazón tenga hambre y sed de Dios, sientas el vacío en tu alma, y permitas que la preciosa unción del Espíritu Santo sea derramada en tu vida; y permitas ser llenado con el bendito fruto del Espíritu, encontrarás la verdadera delicia interna en Dios. Los preciosos ríos de agua viva fluirán para vida eterna en tu ser; entonces recibirás poder para testificar hasta lo último de la tierra, lo que el Dios altísimo ha hecho contigo y dirás como el Salmista,

*Serán completamente saciados de la grosura de tu
casa, y tú los abrevarás del torrente de tus delicias.*
(Salmos 36:8)

En aquel precioso diálogo entre Jesús y la samaritana,
Jesús mismo expresó, que viene la hora en que le busca-
remos en espíritu y en verdad, despertando un hambre y
sed de su presencia.

Dios desea levantar una nueva generación que puedan renunciar a sus deseos, que no se conformen a este
mundo, a su propia voluntad y que dispongan su corazón
a ser transformados completamente a él y buscarle como
la palabra de Dios nos enseña en Juan:

*Mas la hora viene, y ahora es, cuando los verdade-
ros adoradores adorarán al Padre en espíritu y en
verdad; porque también el Padre tales adoradores
busca que le adoren.* (Juan 4:23).

Este es el tiempo del que habló el profeta Joel, que
derramaría de su Espíritu sobre toda carne, es ahora, hoy
Jesús quiere tocar nuestras vidas, hoy el Espíritu Santo
quiere llenar tu alma y quiere caminar contigo.

*Buscad a Jehová y su poder; buscad siempre su
rostro.* (Salmo 105:4)

El diccionario describe *"buscar"* como un verbo tran-
sitivo. Hacer cuanto sea necesario para alcanzar o para
allegarse alguna cosa o a alguna persona que no están presentes en un momento o en una situación determinada.

Buscar a Dios es algo que tenemos que hacer cada
día: en nuestros hogares, en nuestras oficinas, en nuestras
escuelas y en nuestros negocios. Debemos buscar siempre
su rostro, su presencia.

Yo amo a los que me aman, y me hallan los que temprano me buscan. (Proverbios 8:17)

El que busca halla. Me afané en su búsqueda, era una necesidad vital, ya no podía más, sentía que moría y opté una mañana antes de entrar a mi trabajo recorrer las librerías cristianas de mi ciudad natal, buscando alguna literatura que me llenara en el área espiritual, el tiempo trascurría en aquella librería; observando cada libro, cada autor y su sinopsis.

De momento me topé con un libro el cual doy gracias a Dios por el hermano Carlos Freidzón, por su inspiración y contenido espiritual por ese pequeño volumen; que encendió la llama que ardía en mi interior. Su título acaparó mi atención *"Espíritu Santo tengo hambre de ti"* era realmente lo que mi ser, mi espíritu buscaba, anhelaba, ser lleno de su presencia.

Compré el volumen y me retiré a mi trabajo, después de horas de laborar al final del día me trasladé a mi casa y empecé a leer el libro.

Al leer el prólogo realizado por el pastor Benny Hinn, donde decía que Carlos tenía un hambre y sed del Espíritu Santo, donde expresaba que ese mismo poder trasformador estaba disponible para mí también, para todo aquel que lo deseara; lo anhelara, era lo que estaba buscando.

Salmos 118:8: "Es mejor refugiarse en el Señor, que confiar en los poderosos".

El Pastor Carlos Freidzón, hablaba de cultos tremendos, donde Dios se movía y el Espíritu Santo tocaba al pueblo, pero él decía… Sé que hay más, que existen ríos, que hay manantiales.

Tengo hambre de ti, exclamaba, te necesito quiero conocerte más… Y Dios lo llevó a una nueva revelación, no terminaba de leer el principio del libro cuando la presencia del Espíritu Santo se empezó a mover en la habitación donde me encontraba, llenó aquel lugar con su presencia, era la experiencia que tanto anhelaba.

Empecé a clamar a Dios y desear de igual manera que me tocara, que el Espíritu Santo me llenara y mostrara su gloria. Sentí la unción de Dios que tomaba mi vida, un calor inexplicable empezó a recorrer mis manos y a subir por mis brazos e invadir todo mi cuerpo. Era algo que no había experimentado anteriormente, empecé a sentir su presencia misma en mi ser, el Espíritu Santo me visitó esa tarde y llenó todo mi ser. De aquí en adelante ya nada fue igual para mi vida, todo cambió.

Una revolución espiritual empezó en mi ser, todo lo empecé a ver diferente, el Espíritu Santo estaba en mí y empezaba a llenar mi copa, manantiales y ríos de agua viva empezaron a fluir de mi interior, empecé a adorarlo, a exaltarlo y darle toda gloria y honra al Señor de señores y Rey de reyes.

La Palabra de Dios se cumplió, ríos de agua viva empezaron a correr desde mi interior.

Hoy había luz de aquel precioso diálogo de Jesús como judío con la samaritana, donde la cultura y tradición influía, para que no se diera dicha intervención; un diálogo transformador y revelador.

Cuando es el momento de que Jesús hable y uno calle, un encuentro donde la samaritana llega a suplírsele su necesidad, donde llega con una penuria física delante de él, donde la respuesta del maestro fue categórica, del agua que yo te daré no tendrás sed jamás…

Mas el que bebiere del agua que yo le daré, no tendrá sed jamás; sino que el agua que yo le daré será en él una fuente de agua que salte para vida eterna. (Juan 4:14)

Cada mañana, cada momento, cada hora y cada segundo de mi vida, se convirtió en mi anhelo y de necesidad vital, buscar su presencia, ya nada satisfacía mi ser.

El fin de semana me trasladé a la ciudad de San Antonio, Texas a visitar a mi familia y comentarle a mi esposa la nueva experiencia con el Espíritu Santo.

Mi esposa habló conmigo y me expuso la necesidad de que yo me quedara con mi familia. Tenía que tomar la decisión de dejar mi trabajo y quedarme en Estados Unidos.

Logré un permiso por comisión sindical en mi trabajo, un derecho como trabajador de la educación el cual era por un año, ya que no quería dejar del todo mi profesión. (No quería soltar mi parentela todavía).

Pasado el tiempo y llenándome de su presencia cada día, pero sin empleo, cierto día se me ofreció trabajar como Janitorial Services en la iglesia donde asistía y la cual tenía una escuela privada.

Me negué al principio, dije ¿yo en la limpieza?, ¿pero cómo es posible que se me ofrezca dicho puesto? Soy todo un maestro y licenciado en educación... No. Pero la necesidad de cumplir con los gastos de pagos de vivienda y comida, acepté el ofrecimiento hecho por la hija del pastor.

Fueron momentos muy duros y humillantes para mi vida, en el caso particularmente personal; no podía tolerarlo, pero Dios usaría tal situación para empezar a moldear mi carácter y formar en mí una nueva personalidad, para ser usada en el ministerio.

El proceso fue duro pero necesario ya que esto trajo como consecuencia el quebrantamiento de mi espíritu el cual empezó a moldear y pulir, como el oro al pasar por el fuego, Dios pule la piedra que estima, empezó a tratar de una manera extraordinaria mi vida. Es como el barro en manos del alfarero al formar su vasija.

Palabra de Jehová que vino a Jeremías, diciendo: Levántate y vete a casa del alfarero, y allí te haré oír mis palabras.
Y descendí a casa del alfarero, y he aquí que él trabajaba sobre la rueda. Y la vasija de barro que él hacía se echó a perder en su mano; y volvió y la hizo otra vasija, según le pareció mejor hacerla. Entonces vino a mí palabra de Jehová, diciendo: ¿No podré yo hacer de vosotros como este alfarero, Oh casa de Israel? dice Jehová. He aquí que como el barro en la mano del alfarero, así sois vosotros en mi mano, Oh casa de Israel. (Jeremías 18:1-6)

Dios tiene control de todo lo que nos rodea, de todo lo que nos afecta interno como externo, positivo como negativo, Él tiene el control de nuestro contexto; tanto cultural como socioeconómico.

Nuestras vidas no están en las manos del "destino" están bajo el control de Dios, del que todo lo puede, del que nos formó, es simplemente nuestro Creador; es nuestro Padre y tiene un interés personal en nuestras vidas. Él es el Alfarero.

La Palabra misma cita en Isaías 64:8:

"Ahora pues, Jehová, tú eres nuestro padre; nosotros barro, y tú el que nos formaste; así que obra de tus manos somos todos nosotros".

Sin duda después de la debilidad, viene la fortaleza y con la fortaleza viene el aceite fresco, ese manantial que nos hace anhelar cada día más la unción de Dios. Es precioso sumergirse en el río del Espíritu de Dios y permitir que toda duda, todo problema, tristeza sea disipado, que toda debilidad sea fortalecida. Gloria a Él, gloria al poderoso de Israel.

Al final de cada jornada de trabajo en casa y cada noche platicaba con mi esposa diciéndole, vámonos para México, ¿qué estamos haciendo aquí? Allá tengo mi trabajo, regresemos, aquí no tengo nada. Pero los planes de nuestro Señor no eran mis propios planes.

Porque mis pensamientos no son vuestros pensamientos, ni vuestros caminos mis caminos, dijo Jehová. (Isaías 58:8)

Tuve un cambio muy radical en mi vida, ya que cada día que empezaba era decirle al Señor sácame de aquí, quiero regresar, esto no es para mí.

Pero los planes del Señor eran otros, acababa de ser introducido a la escuela del maestro, donde me convertía en alumno y Jesús en mi maestro.

En ocasiones las situaciones que se nos presentan en nuestro entorno nos imposibilitan ver o darnos cuenta del gran propósito que Dios tiene para cada uno de nosotros.

Es tan duro el dolor causado por esos acontecimientos que no entendemos y no encontramos sentido del por qué nos suceden ciertas circunstancias, y nos tomamos de contextos en los cuales ni la lógica, ni la razón misma encuentran la respuesta, nuestra capacidad es limitada, nuestros pensamientos provocan una gran nebulosa en el cosmos de nuestro psique. Se nos dificulta de por más ver claro los planes que Dios tiene para nosotros.

Porque yo sé los pensamientos que tengo acerca de vosotros, dice Jehová, pensamientos de paz, y no de mal, para daros el fin que esperáis. (Jeremías 29:11)

Dios dirige a sus hijos por senderos que desconocemos; que en ocasiones dificultan nuestro andar, pero Dios no olvida ni desecha a los que depositan su confianza en él.

Quiero compartir con ustedes una reflexión llamada La taza de porcelana de un autor anónimo que dice de la siguiente manera:

Aquella señora quedó maravillada al examinar una preciosa y fina taza en la tienda de antigüedades. "Nunca había visto algo tan exquisito exclamó la dama, esta taza es una verdadera joya".

"Usted no sabe todo lo que he pasado", le habló la taza, para su gran sorpresa.

"Hubo una vez en que yo simplemente era un trozo de barro. Mi maestro me recogió del suelo con una pala y me colocó en un torno de rueda horizontal y me dio vueltas y vueltas y más vueltas, mientras me daba forma con sus manos. Yo gritaba que parara, y él repetía: Todavía no…

Luego me metió en un horno. Nunca sentí tanto calor. Grité y quise salir pronto de ahí, pero el maestro seguía repitiendo: Todavía no…

Finalmente abrió la puerta y me sacó para enfriarme un poco. Entonces tomó brochas y pinceles, y empezó a pintarme. Los olores de la pintura me asfixiaban. A mis quejas el maestro sólo atinaba a decir: Todavía no…

Para colmo, me metió de nuevo en el horno, ahora mucho más caliente que antes. Supliqué, lloré, di patadas, refunfuñé… pero la única respuesta que obtuve fue: Todavía no…

Cuando pensaba que ya no había ninguna esperanza de parar esas torturas, el maestro me sacó del horno y me puso frente a un espejo.

No es posible, dije al verme reflejada en el espejo, ésa no puedo ser yo. ¡Es una bella taza! ¡Soy una bella taza! ¡Soy una obra de arte! Y el maestro me contestó de la siguiente manera:

Quiero que recuerdes esto: sé que te dolió cuando te saqué del suelo con la pala, que te mareaste en el torno, que sufriste un horrible calor en el horno, que te asfixia-

bas con el olor a pintura y que casi te achicharraste en el segundo horno. Pero si no hubieras pasado por todo eso, todavía no serías más que un trozo de barro. Ahora en cambio, eres una hermosa taza de porcelana".

Sea posible que éste sea tu caso, que estés pasando por una situación por demás abrumadora, ya no resistes el sufrimiento, pero no estás solo(a) viene algo mejor a tu vida la Escritura nos insta a esperar pacientemente y el Señor obrará a nuestro favor.

En el caso de Abraham Dios le pidió que dejara todo, le prometió una nueva tierra y aún atribulado nunca le abandonó. Estuvo con él para cumplir sus promesas, aun después de haberle dado al hijo tanto esperado, Isaac, le pidió que se lo entregara en sacrificio, para probar su fe, para saber si realmente confiaba en Él; por tales hechos es llamado Padre de la fe.

¿Qué te ha pedido Dios a ti?, ¿qué es necesario que dejes para seguirle?, ¿estás dispuesto a pagar el precio?, la salvación fue por gracia, pero su unción tiene precio.

Eliseo quería seguir a Elías, quería la doble unción que tenía, pero era necesario renunciar a todo aquello que le imposibilitaba seguir al ungido de Dios. Eliseo no dudó en dejarlo todo, su posición social era privilegiada, ya que las Escrituras lo sitúan que vivía en una zona caracterizada por valles fértiles y aptos para la labranza.

Se cree también que por la cantidad de bueyes que tenía, tendrían él y su familia unas veinticinco hectáreas. Disponer en Palestina de esta cantidad de tierra para el cultivo era exclusivamente para gente pudiente o privilegiada.

Entonces dejando él los bueyes, vino corriendo en pos de Elías, y dijo: Te ruego que me dejes besar a mi padre y a mi madre, y luego te seguiré. Y él le dijo: Ve, vuelve; ¿qué te he hecho yo?

Y se volvió, y tomó un par de bueyes y los mató, y con el arado de los bueyes coció la carne, y la dio al pueblo para que comiesen. Después se levantó y fue tras Elías, y le servía. (1 Reyes 19:20-21)

Sus padres le habían confiado la administración de la hacienda. Tenía una cantidad considerable de amigos ya que organizó una cena de despedida y "dio al pueblo que comiese".

Todo lo dejó por la unción, ¿qué darías tú por ella?, ¿estás dispuesto a pagar el precio, sea cual sea lo que Él Señor te pida, para poder ver aunque sea un destello de su gloria, en tu vida?

Hay una hermosa canción que entonamos llamada "por un momento en su presencia" es un canto de adoración precioso, me toca cada vez que lo canto, pero su letra y contenido nos compromete ante el Señor, al decir *"todo daría no importaría lo que tenga que pasar"* si así es gloria a Dios, porque es la mejor decisión que podamos tomar. Dejar la nada por el todo.

El carácter de Cristo en nosotros. Como educador siempre cuestionamos el por qué los alumnos tardan mucho en adquirir y apropiarse del conocimiento, por qué la falta de hábitos de estudio en ellos.

Decía un compañero para hacer que un niño forme el hábito a cepillarse los dientes, se tarda aproximadamente 10 años de continua enseñanza sobre el cuidado de ellos y su importancia de su higiene bucal.

Es importante hacer costumbre en el niño forjándolo continuamente a realizar el acto de cepillarse, como segundo paso formar en él un hábito que continúa a realizar en ocasiones por sí mismo la higiene bucal y a través del tiempo, nos llevará a cosechar y formar en el niño una ley la cual no habrá quien lo mueva a realizar dicho acto.

Al parecer es un juego de conceptos y palabras, pero el resultado será satisfactorio al final de la enseñanza.

Con la Palabra de Dios es igual, sólo basta tomar la iniciativa, para que con la ayuda de Dios logremos formar nuestro carácter semejante al de Cristo.

Hasta que todos lleguemos a la unidad de la fe y del conocimiento del Hijo de Dios, a un varón perfecto, a la medida de la estatura de la plenitud de Cristo. (Efesios 4:13)

Si sembramos un pensamiento, cosecharás un acto. Y si sembramos un acto, cosecharemos un hábito, y siembra un hábito, cosecharemos un carácter, y con este, cosecharás un destino.

Definición de Costumbre: Es un hábito adquirido por la práctica frecuente de un acto.

Definición de Hábito (psicología) es el comportamiento repetido de una persona regularmente.

* *Malos hábitos* equivale a *vicios*
* *Buenos hábitos* equivale a *virtudes*

Según el diccionario hábito es: "Una continua, y frecuente inclinación para hacer una cierta actividad, adquirida a través de una repetición frecuente". "Una disposición establecida de carácter:"

Carácter proviene de una palabra griega que significa: "marca"; una marca en la vida que define a los sujetos que la poseen. A pesar de las tergiversaciones del término, "una persona de carácter" significa que tiene:

a) fidelidad a sí mismo;

b) firmeza en esa fidelidad;

c) una sola dirección en la vida.

Si unimos todos estos puntos concluimos que carácter es el resultado de costumbres, actitudes, hábitos, que vamos formando en la vida. "Siembra una acción y recogerás un hábito, siembra un hábito y recogerás un carácter", pero éste sería enfocado a la Palabra de Dios, para llegar a formar el carácter de Cristo en nuestras vidas.

Para adquirir buenos hábitos que equivalen a virtudes, es necesario dejar los hábitos malos, que equivalen a vicios.

Decimos entonces que debemos morir a la carne y vivir en espíritu, y el terreno nuestro para adquirir hábitos espirituales es la redención, la gracia de Dios, su fuerza y su poder trabajando en nosotros y "al lado nuestro".

Pero por la gracia de Dios soy lo que soy; y su gracia no ha sido en vano para conmigo, antes he trabajado más que todos ellos; pero no yo, sino la gracia de Dios conmigo. (1 Corintios 15:10)

De antemano sabemos que en esta vida, no lograremos alcanzar la perfección, pero Cristo nos llama a andar ese camino de manera constante, hasta lograr forjar un carácter santo con su ayuda, ya que Él lo dice, sin mí nada podéis hacer.

Podemos lograr ser como Él. Que Cristo se refleje en nuestras vidas, si dejamos que Él nos viva en nosotros, si seguimos los principios bíblicos que nos ayudarán por el caminar de esta vida.

Dios trata de formar en nuestras vidas su carácter en nosotros, tal vez como la taza de porcelana pasada por el fuego y su hermosos matices de colores, sea que no te guste el proceso, pero son necesarios en tu vida, o te duela en la rueda del alfarero el trato que él hace para forjar una vasija nueva en sus manos, pero es necesario para que por medio de dichos procesos tu carácter sea formado a su imagen y semejanza de Cristo.

No lo harás solo, es ahí donde nosotros con su ayuda, su Palabra y nuestros hábitos y costumbres formaremos el carácter de Cristo en nuestras vidas.

El alfarero trabaja con paciencia con el barro, moldeando tiernamente su forma.

Dios dirige con paciencia nuestras vidas, tratando de cumplir su voluntad. A menudo usa las manos de otros para ayudar a formarnos: padres, maestros, otros creyentes, incluso los que nos persiguen. Demora hacer un producto que valga la pena y Dios está dispuesto a esperar.

¿Cuál será el final de este proceso que el Señor permite que experimentemos? Ser vasijas de honor, apropiadas para el uso del Maestro. Adecuadas para verter en ellas su unción en odres nuevos.

Déjate moldear en Cristo, tal vez para ti sea difícil el proceso, pero en manos del Maestro, estarás seguro y al final de la jornada te sorprenderás lo que Dios formó en ti.

QUIERES VER MI GLORIA Y MI PODER

Después de un tiempo de trabajar, limpiando el área de juego de los niños, viví la experiencia más maravillosa que cualquier mortal pudiera experimentar. Escuché la voz de Dios, susurrar a mi oído… Literalmente le digo que el Señor habló a mi vida diciéndome así…

Quieres ver mi gloria y mi poder,

¿Qué harías si te diera mi gloria y poder, si pusiera en tus manos mi unción?…

Entonces revela al oído de los hombres, Y les señala su consejo (Job 33:16)

Ahora el silencio de Dios había concluido y empezó a hablar, me dejó estupefacto y anonadado su contestación. Ahora era mi silencio hacia Dios, el que prescindía, por un momento el habla perdí, no puede articular palabra alguna hacia su contestación.

Escucha, Job, y óyeme; calla, y yo hablaré. Si tienes razones, respóndeme;
Habla, porque yo te quiero justificar. Y si no, óyeme tú a mí; calla, y te enseñaré sabiduría. (Job 33:32-33)

Empezó a tratar conmigo, empezó a enseñarme sobre la vida, sobre la relación perdida entre Dios y el hombre, me empezó a enseñar que todo lo que quiere es estar en armonía con el ser humano.

Yo los formé, Yo los hice para mi gloria, nos comunicábamos en el jardín, era continua mi presencia ante ustedes; mas decidieron alejarse.

Todo en el principio estaba en armonía, todo era bueno, pero el pecado nos separó, me dijo el Señor.

Me muevo en el mismo plano que ustedes, sólo que el pecado nos distanció, el que quiera acercarse a mí debe ser santo, como Yo Soy Santo, he reconstruido el puente que nos une, para llevarlos al Padre nuevamente, a quien pertenecen.

Mi presencia es lo más hermoso, lo más bello que quiero compartir con ustedes.

Me dijo es como la música, "el arte de bien combinar sonidos y tiempos" la melodía surge al compás de la música, la música misma es la expresión de todos los instrumentos, que están acorde, los de viento, símbalos, los que retiñen, los de cuerda aun en ella existen compases, silencios en donde se tiene que parar, es el tiempo en que el ser humano debe callar y esperar que Dios hable a su vida; y dar así una perfecta melodía.

No es sobrenatural me dijo el Señor es lo natural en mí, es donde yo me muevo, es como el día y la noche, pasa de un estado a otro pero te sigues manteniendo en el mismo plano.

Entendí de parte del Señor poniendo como ejemplo: cuando nos encontramos en una habitación; apagamos y encendemos la luz, el estado físico se trasforma, mas no cambia en relación a nosotros porque seguimos ocupando el mismo lugar en el espacio. Mas cuando abandonamos la habitación dejamos de existir en la misma área, pero no negamos que la misma no exista.

Siempre he estado ahí, son ustedes los que están fuera de mi compás, fuera de lo natural de mi presencia. Son ustedes los que han abandonado la habitación.

Porque se complican su vida, explicando mi existencia, buscando teológicamente la respuesta, y al encontrarla no la creen; porque les ha sido más fácil creer en mi creación, en lo que hice y como lo formé por medio de mi Palabra y no creen en su Creador.

Yo los crié yo los hice para vivir en la esfera y la dimensión natural de mi presencia, los he hecho poco menor que los ángeles, y los coroné de gloria y de honra.

Yo los crié de mi propia esencia, de mi misma naturaleza. Me paseaba en el jardín y charlábamos día a día, no había barrera entre ustedes y Yo, mas sin embargo ustedes se alejaron.

Los hice para señorear sobre las obras de mis manos; todo lo puse debajo de sus pies: pero ustedes optaron por salir de ella. Criados y formados para su gloria. (Isaías 43:7).

Y creó Dios al hombre a su imagen, a imagen de Dios lo creó; varón y hembra los creó. (Génesis 1:27)

Hechos para ejercer dominio sobre la creación y movernos en el área espiritual de Dios, un contacto continuo con Él.

Mi presencia es lo más hermoso, lo más bello que quiero volver a compartir con ustedes, quiero que te muevas en mi misma dimensión, es algo que no entienden y lo llaman sobrenatural, pero cuando lo experimentes sabrás que Soy real y estoy tan cerca, como el aire que respiras, Soy Yo tu respirar, Soy Yo el aliento de tu vida en tu ser.

Cuando mi presencia esté en ustedes, (unción) será la que sana, la que libera, da paz esa preciosa paz que sobrepasa todo entendimiento mas yo te la revelo con mi Santo Espíritu, es aquella que te llena de gozo. Deséenme, búsqueme y me hallarán, Soy real. Caminen conmigo y Yo caminaré con ustedes.

Moisés estaba convencido de que sin la presencia de Dios en su vida, era inútil que él intentara cualquier cosa. "...*Si tu presencia no va con nosotros, no nos hagas partir de aquí.*" (Ex. 33:15).

Él estaba diciendo, "Señor, si tu presencia no está conmigo, entonces no iré a ninguna parte. ¡No daré un solo paso si no estoy seguro que estás conmigo!"

Dios contestó la audaz declaración de Moisés*: "... Mi presencia irá contigo, y yo te daré descanso."*

¡Qué increíble promesa! La palabra hebrea para "descanso" aquí es "un descanso tranquilo y confortable." Dios estaba diciendo, "¡No importa los enemigos o las pruebas que enfrentes, siempre podrás encontrar un descanso tranquilo en mí!"

Cohabitamos en su presencia, Él nos tiene en el hueco de su mano.

Cohabitamos en su presencia, somos parte de una gama de moléculas micro-esféricas, inmersas en una gran nebulosa, Él nos tiene en el hueco de su mano.

Explicado de otra manera; soy habitante de tal ciudad, la cual pertenece al condado de tal estado, y este mismo a cierto país, como a tal continente el cual forma parte del globo terráqueo y está inmerso en un gran sistema solar, cuyo sistema es parte de miles de millones de sistemas en una vía láctea y éste a la vez al universo.

Hoy quiero tocarlos, hoy quiero llenarlos, más vosotros estáis ocupados, están afligidos por los menesteres de este mundo.

Vengan a mí y yo os haré descansar, recuperemos el tiempo perdido. Seamos uno como yo soy uno. Quiero compartir mi gloria y mi poder con vosotros y reciban el poder cuando venga sobre ustedes el Espíritu Santo.

Todo lo quieren explicar por medio de la ciencia, sus métodos científicos, son capaces de acercarse a sus verdades relativas, mas yo soy la verdad absoluta, la que no falla y no miente.

Cuestionan su propia existencia y su proceder del mundo que les rodea, sus interrogantes no satisfacen su curiosidad por saber la verdad, sólo utilizan el tal vez, puede ser, quizás, hipótesis y nunca llegan a la ley.

Soy real, antes de la fundación del mundo, los predestiné, los tengo en mis planes y proyectos, ahora deseo restituir la comunicación perdida, no me busquen en el espacio, no busquen comunicación con el exterior, estoy entre vosotros, yo les prometí no dejarlos solos.

Y yo rogaré al Padre, y os dará otro Consolador, para que esté con vosotros para siempre:
El Espíritu de verdad, al cual el mundo no puede recibir, porque no le ve, ni le conoce; pero vosotros le conocéis, porque mora con vosotros, y estará en vosotros.
No os dejaré huérfanos; vendré a vosotros. (Juan 14:15-21)

¿Cómo podemos experimentar la presencia de Dios, su unción y su poder en nuestras vidas? Tenemos que desearla intensamente. Está en la Biblia,

Un Destello de su Gloria

Una cosa he demandado a Jehová, ésta buscaré;
que esté yo en la casa de Jehová todos los días de
mi vida, para contemplar la hermosura de Jehová,
y para inquirir en su templo. (Salmo 27:4)

Yo soy el que habla contigo

No temas, Yo soy el que habla contigo, esta expresión no es sólo un conjunto de grafías que expresan una idea, es la experiencia misma que se tiene cuando se está en contacto directo con el Creador.

Es inefable describir tal experiencia, es por ello que esta sección la dejo en blanco, porque lo celestial no tiene lenguaje humano que pueda expresarlo ni aun con la ayuda de la hermenéutica.

En honor a aquel que lo sabe todo, a su omnisciencia, omnipresencia y omnipotencia. Sólo oro a Dios que el anhelo de tu corazón sea buscarlo y llenarte de Él y Él te enseñará cosas ocultas que tú no conoces. Haz una pausa en tu vida en este momento y sumérgete en su río y siente su presencia.

Ahora, Padre, tócale, y llénale de tu unción.

Medita la letra del canto "Jesús mi fiel amigo"

Llévame allá, donde sé que habrá paz,
Donde tengo que callar,
Para escucharte hablar,
Donde todo es realidad y el tiempo no existe más...

¿Verdad que es hermoso?, tiene más para ti, sólo no temas y créele, Él es el que habla contigo.

Lo prometió cuando se fue Jesús, que no nos dejaría solos, huérfanos sino que enviaría al Espíritu Santo el cual estaría todos los días hasta el fin del mundo.

La promesa del Espíritu Santo. El Parakletos, "alguien que es llamado al lado de uno, el consolador, un abogado *advocatus* "¿Cómo es que te manifestarás a nosotros y no al mundo?".

¿Qué sería el mundo, el ser humano sin la ayuda del Espíritu Santo?, ¿qué si nosotros dejamos de ser la sal de la tierra, sin sabor, insípida?

Gracias a la comunión con el Espíritu Santo en nuestras vidas, podemos ser más que victoriosos, Jesús fue rotundo al declarar sólo los que me aman y obedecen mi Palabra pueden tener una comunión verdadera con el Padre.

El mundo no le conoce ni le ama, menos obedece su palabra, por lo tanto, no es posible esta comunión. Pero para nosotros es la promesa divina que tenemos después de esta vida terrenal.

¿Cómo lo vamos a lograr?, ¿cómo obtendremos la comunión armoniosa que tanto deseamos? La Escritura lo cita, sin mí nada podéis hacer.

Si queremos que su gloria y poder llene y sature nuestro existir, y la unción misma esté en nosotros, sólo se logrará cuando haya venido sobre nosotros el Espíritu Santo.

En Efesios 5:18, el apóstol Pablo utiliza la embriaguez que produce el beber vino, y como este mismo hace perder el control al hombre, para comportarse y llevar a cabo acciones en contra de su voluntad, así mismo cuando somos llenos del Espíritu Santo y estamos "embriagados con él" perdemos el control de nuestros actos y es ahora el mismo Espíritu que nos controla, quien nos enseña, somos manejados por él y nos lleva a toda verdad y justicia.

No os embriaguéis con vino, en lo cual hay diso-lución; antes bien sed llenos *del Espíritu.* (Efesios 5:18)

La palabra griega traducida "sed llenos" es *"pleroo"*, está en forma presente imperativa y se refiere a estar completamente saturados hasta lo máximo de algo, es estar bajo su total dominio

Y fueron todos llenos del Espíritu Santo, y comen-zaron a hablar en otras lenguas, según el Espíritu les daba que hablasen. (Hechos 2:4)

La palabra *"pletho"* usada en Hechos 2 está en forma pasiva indicativa y tiene que ver con el estado de "haber sido lleno", tal como aquellos que estaban en el aposento alto el día de Pentecostés.

¿Qué sucedió después que el Espíritu Santo los lle-nó? Recibieron poder y ahora la gran comisión se llevaría a cabo y aun mismo viene a morar dentro de nosotros e introducirnos en su reino.

Cuando se recibe el Espíritu Santo, se recibe unción de lo alto; por consiguiente hay poder, para vencer, los demonios se sujetan, y los enfermos son sanados, nuestra comunión con el Altísimo, se vuelve placentero y pasa a ser parte de nuestra nuevo vivir y empezamos a movernos en su reino tan naturalmente que siempre deseamos estar sumergidos en el río de su Espíritu.

Con la ayuda del Espíritu Santo podemos recibir una gran diversidad de dones, pero el Espíritu es el mismo... porque a éste es dada por el Espíritu palabra de sabiduría; a otro, palabra de ciencia según el mismo Espíritu; a otro, fe por el mismo Espíritu; y a otro, dones de sanidades por el mismo Espíritu.

A otro, el hacer milagros; a otro, profecía; a otro, discernimiento de espíritus; a otro, diversos géneros de lenguas; y a otro, interpretación de lenguas

Ahora bien, hay diversidad de dones, pero el Espíritu es el mismo. Y hay diversidad de ministerios, pero el Señor es el mismo.

Y hay diversidad de operaciones, pero Dios, que hace todas las cosas en todos, es el mismo. (1 Corintios 12:4-6)

Sólo hay que tener hambre y sed de Él, dejar que Él llene nuestro vacío, y los preciosos ríos de agua viva empezarán a fluir para vida eterna, es un don prometido por Dios; así que, pídalo.

... ¿cuánto más vuestro Padre celestial dará el Espíritu Santo a los que se lo pidan? (Lucas 11:13)

Capítulo V

Imposible negar su existencia

Me siguió mostrando y enseñando cuántas cosas hemos descubierto, cómo hemos avanzado en estos últimos tiempos del siglo XXI en el área de la ciencia y la tecnología, capaces de viajar al espacio, construir grandes ciudades, descubrir mundos.

Submarinos nunca antes vistos, y aun tratar de descifrar y comprender el funcionamiento de la corona de la creación, el hombre mismo, nos ha maravillado este mundo, el espacio galáctico y no hemos comprendido aún, que todas las cosas fueron creadas por Él y por Él subsisten.

El conocimiento humano, aprendido a través del tiempo en las universidades, vienen a ser prueba viviente de su existencia, aun hombres de ciencia han creído que lo que existe no es por la casualidad, entre algunos de ellos están Isaac Newton y Alberto Einstein.

Isaac Newton. En su sistema de física, Dios es esencial para la naturaleza y el carácter absoluto del espacio. Dijo, "El sistema más hermoso del sol, los planetas, y cometas, podía sólo proceder del consejo y dominio de un Ser inteligente y poderoso."

Alberto Einstein expresó una creencia en el Dios que se revela a Sí Mismo en la armonía de lo que existe. En realidad esto motivó su interés en la ciencia,

Hoy gracias a la tecnología, el Internet y sus redes, podemos comprobar tal expresión antes dicha, sólo basta introducirse en el ciber espacio (Web) y comprobarlo, por así decirlo; navegue en Google Earth o satelitalmente en estos rubros y podrá localizarse en el globo terráqueo desde el espacio o cosmos. ¿Acaso esto no es una maravilla?, existimos aun desde el espacio no nos vean.

Los microbios existen aunque nuestros ojos no los vean, sólo con un microscopio podemos comprobar tal veracidad, pero aun así sin verles creemos que ahí están, porque por su manifestación en el ser humano al ser atacados e infectados, cuya consecuencia es la enfermedad, o sea vemos su manifestación.

Jesucristo es así, no le veo, no le toco, siento su presencia misma cuando el Espíritu Santo nos invade y nos trasforma, es tan real que veo el cambio radical que da en la persona que le acepta como su único y suficiente salvador.

Este universo en el cual nos encontramos es la totalidad del espacio y del tiempo, de todas las formas de la materia, la energía y el impulso, las leyes y constantes físicas que las gobiernan.

Porque en él fueron creadas todas las cosas que están en los cielos y en la tierra, visibles e invisibles, sean tronos, dominios, principados o autoridades. Todo fue creado por medio de él y para él. El antecede a todas las cosas, y en él todas las cosas subsisten. (Colosenses 1:16-18)

Las palabras de Gilbert Keith Chesterton "Cuanto más se observa la naturaleza, más consciente se es de que todas las cosas evidencian gran organización. Se trata de una inteligencia tan elevada que, con tan sólo observar los fenómenos naturales, he llegado a la conclusión de que existe un Creador".

Y Rolando Julio José de Yñigo y Genio dijo: "Dios está en todos nosotros, sólo de nosotros depende encontrarlo." Hoy encontré su presencia, hoy cohabito con Él y Él conmigo.

Las *fibras ópticas*, otro ejemplo que el Señor me mostró, es la fibra óptica, hoy con la televisión digital La *fibra óptica* es un medio de transmisión empleado habitualmente en redes de datos; un hilo muy fino de material transparente, vidrio o materiales plásticos, por el que se envían pulsos de luz que representan los datos a transmitir.

> *Aunque no lo veo molecularmente, no puedo negar su existencia.*

El haz de luz queda completamente confinado y se propaga por el interior de la fibra con un ángulo de reflexión por encima del ángulo límite de reflexión total, en función de la ley de Snell. La fuente de luz puede ser láser o un LED.

Hemos visto por experiencia como la señal digital se fragmenta en cuadros cuando el receptor recibe una señal tenue y la frisa y forma miles de unidades cuadriculares en descomposición molecular, así mismo no podemos negar la existencia de la imagen enviada por el trasmisor y aunque el emisor reciba la señal débil existe.

Aunque mis ojos no puedan interpretar o mirar; es real, así es Jesús; sea probable que no pueda verlo hoy molecularmente hablando, pero su presencia es tan real como el aire que respiro, porque veo su manifestación en su creación, la Escritura misma dice:

Los cielos cuentan la gloria de Dios, Y el firmamento anuncia la obra de sus manos. Un día emite palabra a otro día, Y una noche a otra noche declara sabiduría. (Salmos 19:1-2)

Veo las almas cambiadas y trasformadas por su poder, hechas nuevas criaturas, que dejan su vana manera de vivir, para seguirle a Él.

En el área de las telecomunicaciones. Otra de las áreas son las fibras se utilizan ampliamente en telecomunicaciones, ya que permiten enviar gran cantidad de datos a una gran distancia, con velocidades similares a las de radio o cable. Son el medio

Las palabras de Isaac Newton fueron, "Él es Dios de orden y no de confusión".

de transmisión por excelencia al ser inmune a las interferencias electromagnéticas, también se utilizan para redes locales, en donde se necesite aprovechar las ventajas de la fibra óptica sobre otros medios de transmisión.

El estándar Fibre Channel FCS por sus siglas en inglés, define un mecanismo de transferencia de datos de alta velocidad, que puede ser usado para conectar estaciones de trabajo, mainframes, supercomputadoras, dispositivos de almacenamiento, por ejemplo. FCS está dirigido a la necesidad de transferir a muy alta velocidad un gran volumen de información y puede reducir a los sistemas de manufactura, de la carga de soportar una gran variedad de canales y redes, así mismo provee de un solo estándar para las redes, almacenamiento y la transferencia de datos.

Paúl Davies escribe esta referencia científica: No cabe duda de que muchos científicos se oponen temperamentalmente. Desdeñan la idea de que pueda existir un Dios, o inclusive un sustrato o principio creativo impersonal. Personalmente, no comparto su desdén.

No puedo creer que nuestra existencia en el universo sea un mero capricho del destino, un destello fortuito en el gran drama cósmico.

El valioso vacío atómico

El átomo es una realidad científica desde principios del siglo XX. La física atómica dio paso a la teoría de la relatividad y de ahí, a la física cuántica. En las escuelas de todo el mundo se enseña hoy día que el átomo está compuesto de partículas de signo positivo (protones) y neutras (neutrones) en su núcleo y de signo negativo (electrones) girando a su alrededor.

La carga eléctrica es una propiedad intrínseca de la materia que se presenta en dos tipos. Éstas llevan ahora el nombre con las que Benjamin Franklin denominó: cargas positivas y negativas.

Cuando cargas del mismo tipo se encuentran se repelen y cuando son diferentes se atraen.

Con el advenimiento de la teoría cuántica relativista, se pudo demostrar formalmente que las partículas, además de presentar carga eléctrica (sea nula o no), presentan un momento magnético intrínseco, denominado *espín*, que surge como consecuencia de aplicar la teoría de la relatividad especial a la mecánica cuántica.

Su organización recuerda extraordinariamente a la del Universo, unos electrones (planetas) girando alrededor de un sol o núcleo (protones y neutrones).

Lo que la mayoría desconocíamos es que la materia de la que se componen los átomos es prácticamente inexistente.

Si el núcleo del átomo está compuesto de cargas positivas y neutras, la interrogante sería ¿qué mantiene al núcleo unido?

Según esta ley de los signos, cargas positivas se repelen, se destruiría la materia con la que estamos formados, y aun más el átomo es inexistente, no tiene principio; lo cual me recuerda la Escritura que dice:

En el principio creó Dios los cielos y la tierra. (Gé-nesis 1:1)

Porque en él fueron creadas todas las cosas, las que hay en los cielos y las que hay en la tierra, visibles e invisibles; sean tronos, sean dominios, sean principados, sean potestades; todo fue creado por medio de él y para él. (Colosenses 1: 16)

Crear del original, hacer algo de la nada, lo invisible lo hace visible y por ende lo que sostiene unido al núcleo del átomo es el Señor mismo, al decir en su palabra que:

Y él es antes de todas las cosas, y todas las cosas en él subsisten. (Colosenses 1:17)

Las Leyes de la Termodinámica

Las leyes más fundamentales de las ciencias físicas nos dicen:

Primera Ley: La cantidad total de masa-energía en el Universo es constante.

Segunda Ley: La cantidad de energía en el Universo disponible para ser usada se está agotando, o que la Entropía está aumentando hasta un máximo.

Entropía significa la función termodinámica que es medida de la parte no utilizable de la energía contenida en un sistema. En otras palabras, la energía, la cual ni se crea ni se destruye, está solamente pasando de un estado útil a un estado inútil.

Si la cantidad total de masa-energía es limitada, y la cantidad de energía usable o útil está decreciendo, entonces el Universo no pudo haber existido por una eternidad, de otra forma ya se hubiera agotado toda su energía útil y el Universo habría alcanzado lo que conocemos en el lenguaje inglés como el punto de "dead heat" o de "calor muerto" = Ausencia de energía.

El universo tiene un principio basado en Génesis, que dice en español "principio" es lo primero, en inglés es Beginning utilizado la segunda letra del alfabeto griego "Beta" y esta a la vez de la segunda letra del alfabeto hebreo (beit) *bet* de *bereshit*, lo deja en segundo término, tomando en cuenta que el principio original es Alfa y Jesús mismo se declara "Yo soy el Alfa" yo soy el principio, su propio principio, sin principio.

Génesis (del griego Γένεσις, "nacimiento, creación, origen", en Génesis 2:4, en hebreo תוד־לות, "generación", que prefiere como título ב.ר.שא. תי, *Bereshit*, "en el principio", siguiendo Génesis 1:1) es el primer libro de la *Tora* ("La Ley" o Pentateuco) y también el primer libro del *Tanj*, la Biblia hebrea (conocida por los cristianos como el Antiguo Testamento).

> *Porque las cosas invisibles de Dios, su eterna potencia y divinidad, son evidentes desde la creación del mundo, siendo entendidas por las cosas que son hechas; de modo que son inexcusables.* (Romanos 1:20)

En palabras de William Tyler, profesor emérito de ingeniería y ciencia de la materia en la universidad de Stanford, "la materia no es estática y predecible. Dentro de los átomos y moléculas, las partículas ocupan un lugar insignificante: el resto es vacío".

Ese mismo vacío que se encuentra en nuestra alma solo el Alfa lo puede llenar, se llama Jesús.

Tomas De Aquino dijo: Dentro de cada alma hay una sed insaciable de felicidad.

Todo lo creado fue creado con un vacío, con un espacio, con una insatisfacción en ella misma (una versión de la Biblia traduce vacío como frustración). Pero Dios también puso al alcance la esperanza de cómo llenar ese vacío en Dios.

Todos tenemos sed de Dios pero no todos apagamos nuestra sed en Dios,

Respondió Jesús y le dijo: Cualquiera que bebiere de esta agua, volverá a tener sed; mas el que bebiere del agua que yo le daré, no tendrá sed jamás; sino que el agua que yo le daré será en él una fuente de agua que salte para vida eterna. (Juan 4:13-14)

El Dios de lo visible e invisible. No podemos negar, la existencia de nada de lo que nos rodea, ya sea visible o invisible, Él es el Dios de lo visible e invisible, "primogénito de toda creación" como el segundo cielo que aunque no podemos estar ahí, sabemos que existe el universo, los planetas, las galaxias, etcétera, "los cielos" "como planos superiores" o como la actual ciencia denomina "dimensiones",

¿Por qué negar su existencia?, ¿porque así nos enseñaron?, ¿quién dicta las normas y las leyes de la física que nos rigen?, nos llenaron de paradigmas nuestras mentes.

UN GRAN PROBLEMA, "No debe volar" Pregúntese usted mismo, según la NASA son las siglas, en inglés, para la Administración Nacional de Aeronáutica y del Espacio (National Aeronautics and Space Administration) de los Estados Unidos, que es la agencia gubernamental responsable de los programas espaciales. Ellos tienen un gran problema del por qué la abeja vuela, si su anatomía no está hecha para eso, aunque vuela niegan tal hecho...

"No se lo digan a las abejas, pero no sirven para volar", fue la conclusión a la que llegó un matemático francés en 1934, según la historia.

Este matemático se equivocó, por que la verdad es que las abejas vuelan bastante bien.

Aerodinámicamente su cuerpo no está hecho para volar.

Según un biólogo junto con sus colegas del Instituto de California, dijeron que las abejas no la tienen fácil, pues sus alas son pequeñas en relación a su cuerpo, lo que significa que a diferencia de otros insectos las abejas hacen un esfuerzo mucho mayor para volar; aun así pueden suspenderse en el aire, luchar contra el viento, evadir a los depredadores y alzar el vuelo incluso si van cargadas con néctar o polen.

Por ello en la NASA, hay un póster de una abeja, el cual dice así: "Aerodinámicamente el cuerpo de una abeja no está hecho para volar, lo bueno es que la abeja no lo sabe".

Los sabios son avergonzados, están abatidos y atrapados; he aquí, ellos han desechado la Palabra del Señor, ¿y qué clase de sabiduría tienen? (Jeremías 8:9).

El Señor me trajo todo este conocimiento adquirido previamente como maestro, para enseñarme que aun los cielos cuentan la gloria de Dios, aun la naturaleza misma es testigo de su Creador. Dios nos habla por medio de la naturaleza. Escuchamos su voz al contemplar la belleza y la riqueza del mundo natural.

Hay una serie de videos realizados por el Instituto Bíblico Muddy de Chicago, U.S. los cuales describen la obra de Dios, como las maravillas de la creación de Dios, no se pasa ningún detalle que no dé gloria a Dios. Por medio de la naturaleza podemos contemplar al Dios de la naturaleza. El revela su carácter mediante los elevados árboles, los arbustos y las flores. Se lo puede comparar con los más hermosos lirios y rosas. Aun los mismos lirios del campo, ni Salomón se vistió como ellos.

Él es real está entre vosotros y quiere llenarnos de su gloria, su unción, sólo que nos dispongamos a recibirle, que clamemos como el ciervo que se encuentra junto a las corrientes de aguas.

Tu presencia supliqué de todo corazón. (Salmo 119:58)

... En tu presencia hay plenitud de gozo; delicias a tu diestra para siempre. (Salmo 16:11)

Deseo, me decía el Señor, poner en tus manos mi unción, para que todo yugo de pecado sea roto, donde el enemigo será incapaz de tocar sus moradas.

Particularmente el Señor me decía quiero bendecir tu vida, quiero llenarte, quiero que veas un destello de mi gloria, mi poder. Quiero usarte en los milagros de mi pueblo, quiero que seas testigo fiel de mi verdad, de mi poder, sólo cree, porque el que cree todo le es posible.

La bendición es para todos, el Señor no hace acepción de personas, pero no todos quieren oír, no todos están dispuestos a seguir las pisadas del Maestro.

Porque no hay acepción de personas para con Dios. (Romanos 2:11)

El diccionario de la lengua española define el término *"acepción"* en el gr. es *Prosopolempsía. Prósopon* es rostro, *Lambáno* es aceptar, recibir, significa literalmente aceptar el rostro, complacerse con el rostro, parcialidad, favoritismo. Con origen en el término latino *acceptatïo*, el concepto de *aceptación* hace referencia a la *acción y efecto de aceptar.*

Este verbo, a su vez, designa a *aprobar,* dar por bueno o recibir algo de forma voluntaria y sin oposición. Dicho vocablo es un *hebraísmo* que describe la práctica oriental de saludar arrodillándose delante de la persona y esperando su aprobación antes de levantarse.

Jesús te bendice, no por lo que eres, sino por su gracia, es su favor y su benevolencia la que te toca, la que suple tus necesidades, sin importar tu estatus social y cultural, no hay raza ni lengua que limite la presencia de Dios en tu vida.

En otras Palabras, no hay acepción de personas.

La salvación, como la unción misma; está al alcance de todos, la gran diferencia es que la salvación es por gracia, es un regalo de Dios y su precio ya fue pagado, pero la unción tiene un precio, el cual debemos estar dispuestos a finiquitar para recibir poder de lo alto. Pero es tuyo, tómalo...

CAPÍTULO VI

UN MUNDO LLENO DE PARADIGMAS

UN PARADIGMA ES el resultado de los usos, y costumbres, de creencias establecidas de verdades a medias; un paradigma es ley, hasta que es sustituido por otro nuevo.

La definición de PARADIGMA del Griego *Paradeima* = Modelo, tipo.

Desafortunadamente, antes de llegar al conocimiento de Jesucristo, la mayoría de nosotros tomó una gran cantidad de ideas equivocadas de nuestro entorno, ya sea de familiares, amigos, la televisión o alguna otra fuente y se nos hicieron hábitos, y los hábitos se convirtieron en costumbre lo cual trajo como consecuencia que estos se transformaran en ley; que ya difícilmente podemos desarraigar de nuestro corazón.

Formamos nuestros propios paradigmas y difícilmente estamos abiertos a cambiar nuestras estructuras mentales, nuestras creencias incorporadas por nuestros padres que nos enseñaron de tal manera, que nuestra primera etapa de vida fue influenciada, a tal grado que lo que ellos decían fuese cierto o verdad, no se cuestionaba; si venían de nuestros progenitores; se aceptarían como verdades, sin ponerlas a prueba.

Veamos algunos ejemplos de enseñanzas o paradigmas adquiridos por el transitar de la escuela del saber.

Creemos en las moléculas, en los átomos, en micro organismos invisibles para el ojo humano, sin embargo ahí están, no podemos negar su existencia; porque vemos su manifestación, pero que de nuestro Dios, el creador de todas las cosas y Jesucristo como

la imagen del Dios invisible,
el primogénito de toda la creación.

¿Por qué negar que Dios existe? ¡Porque es anticientífico! Y según el método científico todo lo comprobable es real, solo la materia... pero aun así sabemos que no sólo lo que llamamos materia es lo único que existe.

Cuando una comunidad tanto científica como religiosa o política da por sentado un *Paradigma*, se crea un espacio-tiempo lineal en donde nada cambia de verdad y se establece como verdad inmutable y la evolución se estanca.

En el año 300 A.C. un matemático griego, Euclides basándose en sus cálculos postuló que los seres humanos nos movemos en un plano de tres dimensiones donde existe el largo, alto y ancho, o sea fuimos creados tridimensionalmente, y no bidimensional como se creía, perteneciente a un solo plano del cual no podíamos salir, un plano en el que impera la ley de la gravedad, donde todo lo que sube tiende a bajar, y no se pueden atravesar elementos sólidos debido a su densidad y que a su vez es debida a la baja velocidad con la que giran los electrones y átomos de esa materia que componen.

Los científicos hablan actualmente de planos paralelos que están alrededor nuestro, pero que no es posible verlos con los sentidos naturales del mundo físico.

Porque por Él fueron creadas todas las cosas, las que hay en el cielo y las que hay en la tierra, visibles e invisibles; sean tronos, sean dominios, sean principados, sean potestades; todo fue creado por Él y para Él. (Colosenses 1:16)

La física cuántica nos habla de la "ley de probabilidades" dónde todo tiene una explicación y es posible llegar a demostrar el por qué de esas experiencias que algunos humanos viven y no comprenden.

Me encanta el pasaje bíblico del ciego en Juan 9:25: *Una cosa sé... que habiendo yo sido ciego, ahora veo.*

Qué expresión tan conmovedora, tan sacada de lo inimaginable, pero tan poderosa de un hombre altamente agradecido, porque jamás en su vida había visto.

Nació ciego, nunca había experimentado el color de la vida, pero ahora podía expresarlo, quien lo hizo, como lo hizo; no supo, él sólo respondió "Si es pecador, no lo sé; una cosa sé, que habiendo yo sido ciego, ahora veo".

Cuando viví la experiencia del milagro de mi esposa al quedar libre de Lupus, algo que para la ciencia no tenía remedio, no había respuesta alguna que la ciencia pudiera dar, pero Jesús en la cruz del calvario pagó ese precioso precio, su sanidad fue completa y perfecta.

El *Paradigma* no sólo nos envuelve sino nos controla, nos define, nos delimita todo lo que percibimos, y creemos que esa es la verdad. Define lo que es realidad y descalifica las demás opciones, imposible recibir un milagro, científicamente el Lupus es de muerte, no hay remedio alguno que pueda curarlo, esto es el paradigma del médico desde su punto de vista científico.

Mi esposa recuerda que le dijo al médico, usted dice una gran verdad, usted conoce la enfermedad, pero sabe; la Palabra de Dios va más allá de lo que usted dice y mi Dios es poderoso, el sonrió y contestó suerte Gloria, mi esposa salió triste no había nada qué hacer.

Salió del brazo de su hermana porque no podía sostenerse y se cansaba para caminar.

Cuenta ella que al llegar a la casa en Monterrey de la hermana de mi esposa dice que cayó abatida por todo lo que padecía y los resultados obtenidos.

Los *Paradigmas* pueden tener vigencia durante un largo período de tiempo, hasta que uno mismo esté dispuesto a provocar el cambio que haga insostenible el Paradigma en turno, en este caso la enfermedad. Si el médico nos comunicó que es imposible un cambio radical de salud en mi esposa y estaba confinada a la muerte irreversible.

En mi caso me había regresado a Piedras Negras, regresaba por ordenes médicas a preparar el funeral, no había esperanza médica alguna esa noche, mas no sabía que Dios ya estaba obrando, la Palabra fue suelta y los cielos se conmovieron, escuchó mi clamor y el milagro fue realizado.

Un cambio de *Paradigma* implica un profundo cambio de mentalidad. El cambio debe provocar cambios *profundos de Paradigmas* desde las raíces mismas del Paradigma original donde se originó la *mentira* que ha dado origen a dar por hecho que no hay salida y sólo la espera irremediable de la muerte.

Pero era miércoles día de servicio en mi iglesia, la cual decidí asistir y el Señor me habló diciéndome *¿Qué quieres qué haga por ti?* Le contesté pidiéndole con todo el corazón haz un milagro en la vida de mi esposa,

QUIERO SEÑOR QUE HAGAS UN MILAGRO
TÚ ERES ESPECIALISTA EN MILAGROS

Cuenta mi esposa que aquella noche no podía dormir y cuando eran las tres de la madrugada ella estaba despierta, no podía dormir y clamaba a Dios y en ese momento el teléfono sonó, era su hermano *Armin* que también era creyente le dijo Gloria, vengo de la iglesia y les dije a los hermanos que me ayudaran a orar por ti y nos quedamos más tiempo hasta la una de la mañana y el Señor contestó, un hermano de esta iglesia que sin conocerte en visión te vio como Dios obraba un precioso milagro en tu vida, y te describió cómo eres y dijo:

El espíritu de la muerte salió de ti.

Siguió hablando mi cuñado Armin diciéndome y me dio esta Palabra de parte del Señor para ti *Éxodo 23:20-26* y cuenta ella que lo creyó con todo su corazón y recuerda que le dio la gloria a Dios por lo que iba a ser en su vida.

> 20 *He aquí yo envío el Ángel delante de ti para que te guarde en el camino, y te introduzca en el lugar que yo he preparado.*
> 26 *No habrá mujer que aborte, ni estéril en tu tierra; y yo cumpliré el número de tus días.* (Éxodo 23:20-26)

Llegado el viernes fui a recogerla y me contó lo que sucedió, a la misma vez le comenté de lo sucedió en mi vida personal con el Señor, como un gran anhelo y de deseo de mi corazón de verla sana; Dios había atendido nuestras súplicas y ruegos.

Pasado el tiempo, la recuperación física empezó hacerse notable, es por ello que hoy en día, no nos cansamos de hablar de ese precioso milagro que el Señor hizo en nuestras vidas.

Para ellos el Señor nos concedió dos pequeños tesoros, dos pequeñas bebas que para la ciencia eran imposibles que se lograran, aquí la Palabra de Dios se cumplió; al decir que no habría estéril en nuestra tierra.

Estamos agradecidos con Él y hemos dedicado ahora nuestra vida a ayudar y enseñar a su pueblo que hay esperanza, que Jesús sigue haciendo milagros aun en este siglo XXI donde la ciencia se ha aumentado, donde reina la razón, la lógica y la ciencia misma.

No perdemos oportunidad alguna que se nos presenta, para decir lo que el Dios altísimo ha hecho con nosotros, ponemos en alto el precioso nombre que es sobre todo nombre, el nombre de Jesús. Para la gloria de Dios rompí los paradigmas previamente establecidos en la ciencia y en mi mente misma, de que el Lupus era una enfermedad mortal y fulminante. Dios me concedió el precioso milagro de sanidad.

LA BIBLIA ESTÁ LLENA DE MILAGROS

Repliqué al Señor después de haber oído aquella palabra, "qué quieres que haga por ti", SANA A MI ESPOSA, LIBRE DEL LUPUS me vino en memoria el pasaje de Ezequías cuando Dios le concedió quince años más de vida.

Te ruego, oh Jehová, te ruego que hagas memoria de que he andado delante de ti en verdad y con íntegro corazón, y que he hecho las cosas que te agradan. Y lloró Ezequías con gran lloro. Y antes que Isaías saliese hasta la mitad del patio, vino palabra de Jehová a Isaías, diciendo:
Vuelve, y di a Ezequías, príncipe de mi pueblo: Así dice Jehová, el Dios de David tu padre: Yo he oído tu oración, y he visto tus lágrimas; he aquí que yo te sano; al tercer día subirás a la casa de Jehová.
Y añadiré a tus días quince años, y te libraré a ti y a esta ciudad de mano del rey de Asiria; y ampararé esta ciudad por amor a mí mismo, y por amor a David mi siervo. (2 Reyes 20:3-6)

Recordé las infinidades de milagros y prodigios que el Señor hizo cuando estuvo en la tierra, Jesús era movido a compasión por el necesitado, por el perdido y realiza el milagro.

Según el diccionario: **Compasión** *s. f.* Sentimiento de tristeza que produce el ver padecer a alguien y que impulsa a aliviar, remediar o evitar su dolor o sufrimiento.

Jesús era movido a compasión, palabra que viene del griego dolor de entrañas, un dolor profundo y que te lleva a realizar o remediar el sufrimiento del otro, pero esta misma palabra del hebreo matriz, ya que ahí se gesta la vida, ahí das a luz la solución al problema del que lo padece, te lleva a dar la respuesta oportuna.

Jesús sana al siervo de un centurión en Capernaúm, sin tener contacto con el hombre enfermo. (Mat. 8:5-13)

En el estanque de Bethesda en Jerusalén, Jesús sana a un hombre que hacía treinta y ocho años estaba enfermo sin poder caminar. (Juan 5:5-9)

Después de una noche de pesca infructuosa en el mar de Galilea, Pedro recibe una orden de Jesús: echar de nuevo la red al mar. Habiéndolo hecho, recogieron gran cantidad de peces, que las redes se rompieron. (Lucas 5:4-9)

Sana al hombre que tenía un espíritu inmundo en la Sinagoga en Capernaúm. ¿Quién es este hombre con el poder de reprender demonios? (Marcos 1:23-28)

La hija de Jairo, la mujer con flujo de sangre, y muchos más y yo quiero mi milagro MI ESPOSA SANA PARA TU GLORIA.

No fue una oración ostentosa, no bajó humo del cielo, fue solo un corazón contristo y humillado que clamada por una necesidad, un corazón quebrantado que por demás el Señor no desprecia, donde el Señor inclinó su oído y escuchó mi clamor; lloré aquella noche sólo esperando mi milagro, había hablado con él, con el que todo lo puede, el que nos dice que si habrá algo difícil para él.

Porque nada hay imposible para Dios. (Lucas 1:37)

Tenemos un expediente clínico que al parecer es un gran libro, donde están plasmados los resultados de sus exámenes, que afirmaban su enfermedad y su avance corporal. Aun mismo un médico en la ciudad de Monterrey nos dijo que ahí se hacían los mejores exámenes clínicos, el cual delatarían su avance y positivismo de la enfermedad en mi esposa, pero para la gloria de Dios cuando se los realizaron fueron negativos, el mismo médico exclamó diciendo *¡algo está mal no es posible que sean negativos!*

Hoy en día cada vez que ella asiste a un chequeo, las preguntas de rutina de los cuestionarios clínicos, son qué padecimientos ha tenido, y ella pone Lupus, y los médicos se sorprenden al verla y sólo les resta decir… sólo un milagro pudo levantarla. Algo por demás sorprendente, es que mientras ella estuvo en tratamiento médico, en aquel entonces solo había cortisona y prednisona de 35 miligramos que se tomaba tres veces al día. Era una droga fuerte que lo único que hacía era calmar las dolencias que sufría en su cuerpo, ya que no existía ningún medicamento que pudiese contrarrestar la enfermedad que cada día avanzaba más. Dicho medicamento sólo trajo como consecuencia que los cartílagos de sus dos rodillas se perforaran por lo fuerte de la droga, y empezó en ella un tormento para caminar y sostenerse de pie.

Para la gloria de Dios y la admiración de los médicos es que no se explicaban como era posible que se sostuviera de pie con los cartílagos destruidos, para lo cual había radiografías que denostaban dicho desgaste, Dios hizo también ahí un precioso milagro reconstruyó sus cartílagos; todo para su gloria.

Dos pruebas grandes más, de su amor y fidelidad de Dios a nuestras vidas, son dos hijas hermosa que Dios nos concedió después de que ella fue sanada, ya que para los médicos ella no podía embarazarse, por complicaciones del bebé, que podría nacer con defectos genéticos por el medicamento tomado, y aun en el parto podría morir mi esposa.

La Palabra se cumplió que el Señor le dio a mi esposa, que no habría mujer estéril en su tierra.

No habrá mujer que aborte, ni estéril en tu tierra; y yo completaré el número de tus días. (Éxodo 23:26)

Desde ese día hasta la fecha de hoy todo cambió en mi vida, está sana, tenemos dos hijas más el cual clínicamente no podía tener porque ponía su vida en peligro, pero para la gloria de Dios, ella es un testimonio vivo. A él la gloria, el poder y la alabanza. Esto es sólo una pequeña reseña histórica de la vida de mi esposa.

CAPÍTULO VII

180 GRADOS PARA RENOVAR NUESTRA MENTE

EL SEÑOR ME mostró que era necesario un cambio radical en nuestras formas de pensar, era necesaria una estocada en la catanuxis para provocar una metánoia.

La "metánoia", palabra griega que significa conversión, es el movimiento interior que surge en toda persona que se encuentra con Cristo.

La etimología del término deriva del griego antiguo palabras μετά (meta) (que significa "más allá" o "después") y νόος (noeo) (que significa "percepción" o "comprensión" o "mente").

La catanuxis es la masa encefálica donde se guardan los pensamientos, los procesos mentales del ser humano.

Donde se acumulan, estructuran y se acomodan, en el cociente y subconsciente, todo lo que se percibe del exterior por medio de los sentidos naturales; los cuales rigen nuestro comportamiento. Fabricamos nuestra realidad desde la forma en que procesamos nuestras experiencias, es decir, mediante nuestras emociones.

Es un pequeño órgano llamado hipotálamo se fabrican las respuestas emocionales. Allí, en nuestro cerebro, se encuentra la mayor farmacia que existe, donde se crean unas partículas llamadas "péptidos", pequeñas secuencias de aminoácidos que, combinadas, crean las neurohormonas o neuropéptidos.

Ellas son las responsables de las emociones que sentimos, ahí es donde penetra estocada, y provoca el cambio radical que sólo la Palabra de Dios puede cambiar.

Cuando el torero está a punto de dar su última estocada, para derribar a su oponente, es decir el toro; sabe que debe pegar en la catanuxis, y sólo una oportunidad se tiene para dar el estoque certero.

El estoque es una espada angosta y de cuatro esquinas, que por lo regular suele ser de más de marca, y se juega siempre de punta. Es decir, una espada de punzar que se estrecha desde la empuñadura, más larga que la norma y de hoja con forma romboidal. La Palabra de Dios misma dice:

Porque la palabra de Dios es viva y eficaz, y más penetrante que toda espada de dos filos: y que alcanza hasta partir el alma, y aún el espíritu, y las coyunturas y tuétanos, y discierne los pensamientos y las intenciones del corazón. (Hebreos 4:12)

Porque Dios nos pide ese cambio de renovación de nuestra mente, porque alguien que ha nacido de nuevo, pero participa activamente en un estilo de vida o hábito que va en contra de la Palabra de Dios, es el principal problema, que no les deja buscar la plenitud de Cristo.

Tienen que cambiar su manera de pensar para alinearse con lo que Dios dice acerca de esa situación.

Sin este paso fundamental en el proceso de desarrollo cristiano, es imposible ver un cambio duradero. Gálatas 5:16 dice algo tan poderoso que todos debemos entender y aplicar a nuestras vidas a diario.

Digo, pues: Andad por el Espíritu, y no cumpliréis el deseo de la carne. (Gálatas 5:15)

El apóstol Pablo reafirma lo que Jesús ya había dicho: es necesario nacer de nuevo (Juan 3:7). Lo primero que hay que hacer es deshacerse de la vieja naturaleza, de la antigua manera de vivir.

Leí por ahí en un libro una anécdota que me ilustró la vida y lo dificultoso de la misma cuando se deja regir uno por su naturaleza humana, cuando ya se es cristiano.

Cuenta la historia que cierto día en una tribu indígena de apaches, un joven indio cuestiona a su gran jefe: Gran jefe cómo hiciste para llegar a viejo y tan sabio, el cual el gran jefe indio replicó; no fue fácil. No entiendo, dijo el joven te ves tan en paz y lleno de sabiduría que quisiera ser como tú.

Bueno todo depende de a quien alimentes, explícame gran jefe, sí; dentro de nosotros tenemos dos grandes lobos, uno es muy malo y está lleno de rencores, odio, abuso, mentiras, deseos de muerte, de placer y egoísmo y el otro lobo es bueno; el cual lleva dentro de sí, amor, paz, gozo, paciencia, templanza, mansedumbre; te entiendo pero cómo le hiciste para llegar a triunfar...

Replicando el gran jefe; sólo alimenté al lobo bueno y dejé morir al malo. *"la pregunta sería a quién alimentas tú"*.

Pablo en la Escritura de la epístola a los romanos nos insta en Romanos 12:2.

No se amolden al mundo actual, sino sean trans-formados mediante la renovación de su mente. Así podrán comprobar cuál es la voluntad de Dios, buena, agradable y perfecta.

Es fundamental comprender que la mente es el centro de control de nuestras vidas, donde se llevaba a cabo todo proceso mental. Nuestros patrones de conducta que rige nuestro pensamiento y creencias dominantes forman nuestro comportamiento.

Desafortunadamente, antes de llegar al conocimiento de Jesucristo, la mayoría de nosotros tomó una gran cantidad de ideas equivocadas de nuestro entorno, ya sea de familiares, amigos, la televisión o alguna otra fuente y se nos hicieron hábitos, y los hábitos se convirtieron en costumbre lo cual trajo como consecuencia que estos se transformaran en ley; que ya difícilmente podemos desarraigar de nuestro corazón.

Pablo insta en la Escritura por medio de Dios diciendo que le entreguemos nuestro corazón.

> *Dame, hijo mío, tu corazón, y miren tus ojos por mis caminos.* (Proverbios 23:26)

Recuerdo a mi maestro en teología sistemática, el reverendo Samuel Miranda, que nos decía que Jesús quería que le entregáramos totalmente el corazón, pero aquí decía que no el carnal, sino el *"ruach"* la mente, donde Satanás trabaja y lo convierte en su taller, donde nos persuade a desobedecer a Cristo y Jesús nos invita a llevar nuestra mente cautiva a Él, para que Él tenga control de nosotros mismos.

El significado de Espíritu: רוחַ (ruach) aliento, respiración, soplo, viento, ánimo. Y significa, la elevación de la cabeza del hombre para alcanzar presencia de Dios más allá de la vida ordinaria.

Representa dejar el intelecto, la lógica, y el razonamiento del hombre para conectarse con el todo. Y empezar a recibir lo que nosotros llamamos inspiración, revelación y nuestra mente empieza a ser transformada.

Cuando llegamos a aceptar a Cristo como nuestro Señor y Salvador y somos nacidos de nuevo, debemos entrar en la parte más importante de nuestro caminar con Dios: *La renovación de nuestras mentes.*

> *Como hijos obedientes, no os* conforméis *a los deseos que antes teníais estando en vuestra ignorancia.* (1 Pedro 1:14)

No os conforméis, "suschematizo", verbo que tiene una referencia más especial a aquello que es transitorio, mutable, inestable, y no podría ser usado de una transformación interna.

No os conforméis a este siglo, sino transformaos *por medio de la renovación de vuestro entendimiento, para que comprobéis cuál sea la buena voluntad de Dios, agradable y perfecta.* (Romanos 12:2)

Significado de Transformaos, "metamorphoo", de metamorfosis, cambiar en otra forma, un cambio total que, en el poder de Dios, hallará su expresión en el carácter y en la conducta; morphe destaca el cambio interno, schema destaca lo externo.

Es el Espíritu Santo quien efectúa esta transformación a través de su palabra. Lo hace con su espada ("Y tomad... la espada del Espíritu, que es la palabra de Dios").

La renovación de la mente no es un evento de una sola vez, sino que es un proceso continuo que debe seguirse hasta el punto, que incluso nuestros pensamientos subconscientes y respuestas automáticas se alinean con la Palabra de Dios. Es imposible ganar la victoria sobre la carne sin la transformación del corazón (el intelecto, la voluntad, las emociones, la conciencia).

Ahí empezamos a introducirnos al mundo natural de Dios, moviéndonos en su mismo plano, viendo lo imposible, posible, donde lo que no es… es hecho, y todo por la Palabra; donde la fe empieza a surgir,

Hebreos 11:6 nos dice: Pero sin fe es imposible agradar a Dios; porque es necesario que el que se acerca a Dios crea que le hay, y que es galardonador de los que le buscan.

Donde la substancia de lo que se espera y no se ve, se hace realidad. Me encanta recordar la enseñanza de que la materia no se crea ni se destruye solamente se transforma y que ocupa un lugar en el espacio.

Cuando Cristo nos invita a vivir en su presencia, se rompen leyes físicas, ya que le invitamos a ocupar el mismo espacio nuestro, (nuestro cuerpo) cuando el Espíritu Santo viene y cohabita en nosotros. Volviéndonos una misma sustancia.

Porque no creer en un mundo paralelo al nuestro, donde el poder de Dios, su gloria misma se mueve y quiere que cohabitemos en Él. Él lo mencionó en su Palabra,

Apocalipsis 3:20: He aquí, yo estoy a la puerta y llamo; si alguno oye mi voz y abre la puerta, entraré a él, y cenaré con él, y él conmigo.

¿Acaso esto no es glorioso?, su invitación es clara, quiere que cohabitemos con Él, que seamos una misma sustancia, una misma aleación.

Los aspectos que sufrimos al ser renovados es el nuevo nacimiento (una regeneración) efectuado por la simiente espiritual, la palabra de Dios, Una muerte al pecado, y despojo de una vida contaminada y vestirse de una vida nueva.

Nos salvó, no por obras de justicia que nosotros hubiéramos hecho, sino por su misericordia, por el lavamiento de la regeneración y por la renovación en el Espíritu Santo. (Tito 3:5).
Y revestido del nuevo, el cual conforme a la imagen del que lo creó se va renovando hasta el conocimiento pleno. (Colosenses 3:10).

Me gusta la expresión del apóstol Guillermo Maldonado hablando de las condiciones para ser llenos del Espíritu Santo, y pueda renovarnos nuestra mente y provocar el cambio de nuestra naturaleza pecaminosa, a una naturaleza santa; él utiliza la palabra *investíos* del *griego enduo* que significa sumergirse por completo, o sea recubierto de una substancia que se adhiere a uno y se convierte indeleble. En el sentido recto, lo *indeleble* es lo que no se borra.

La fe, la substancia que no se ve. Porque de la importancia de este rubro, porque sin ella es imposible agradar a Dios, sin ella lo imposible no se hace posible, sin ella no habría la certeza de lograr nuestros anhelos y nuestras necesidades nunca se cristalizarían.

Es esencial para nuestra vida, es la que nos sostiene, no es nuestro mérito humano, no es, la física cuántica la que nos ayudará a resolver nuestros problemas, no será la psicología analítica "meditación, yoga, la metafísica y aun mismo la psicoterapia positiva".

La psicoterapia positiva cual trata sobre el *estudio científico de la felicidad que toma en cuenta las fortalezas y virtudes de las personas. No es el positivismo ni aun tratar de mover leyes de atracción usados por la metafísica.*

Con la inmersión en la mente desde las emociones positivas, el optimismo, la esperanza, la reconstrucción positiva del pasado, el perdón, se quiere lograr que las cosas del día a día se conviertan en herramientas poderosas para vivir una vida plena y más feliz. Pero nada de esto funciona a largo plazo, sólo Jesús ofrece ese precioso descanso, esa preciosa paz que sobre pasa todo entendimiento.

Es la fe la que mueve montañas, es por la fe dice Hebreos 11:

2 Porque por ella alcanzaron buen testimonio los antiguos.

3 Por la fe entendemos haber sido constituido el universo por la palabra de Dios, de modo que lo que se ve fue hecho de lo que no se veía.

4 Por la fe Abel ofreció a Dios más excelente sacrificio que Caín, por lo cual alcanzó testimonio de que era justo,

dando Dios testimonio de sus ofrendas; y muerto, aún habla por ella.

⁵ Por la fe Enoc fue traspuesto para no ver muerte, y no fue hallado, porque lo traspuso Dios; y antes que fuese traspuesto, tuvo testimonio de haber agradado a Dios.

⁶ Pero sin fe es imposible agradar a Dios; porque es necesario que el que se acerca a Dios crea que le hay, y que es galardonador de los que le buscan.

³² ¿Y qué más digo? Porque el tiempo me faltaría contando de Gedeón, de Barac, de Sansón, de Jefté, de David, así como de Samuel y de los profetas;

³³ que por fe conquistaron reinos, hicieron justicia, alcanzaron promesas, taparon bocas de leones,

³⁴ apagaron fuegos impetuosos, evitaron filo de espada, sacaron fuerzas de debilidad, se hicieron fuertes en batallas, pusieron en fuga ejércitos extranjeros.

³⁵ Las mujeres recibieron sus muertos mediante resurrección; más otros fueron atormentados, no aceptando el rescate, a fin de obtener mejor resurrección.

Creo que Hebreos nos lo dice todo, sin ella no podríamos subsistir. Ellos lo lograron por la fe, y si ellos lo hicieron el Señor nos lo garantiza a nosotros también; la fe es una pequeña substancia como el grano de mostaza.

Dijeron los apóstoles al Señor: Auméntanos la fe. Entonces el Señor dijo: Si tuvierais fe como un grano de mostaza, podríais decir a este sicómoro: Desarráigate, y plántate en el mar; y os obedecería. (Lucas 17:5-6)

Sin ella no le podemos agradar, no somos aptos para su presencia, es la fe la que derriba montañas, obstáculos, las fortalezas son destruidas, es la que nos mantiene firmes, si la fe faltase, pídele al Señor que la aumente. Recuerda que viene por el oír y el oír de la Palabra de Dios.

La unción en mis manos

Volvió a decirme *"Quieres ver mi gloria y mi poder"* estás listo y me señaló en ese momento que mirara a unos pastores que iban entrando a la iglesia, eran dos americanos anglos que pastoreaban en el área de Inglés ya que la iglesia era Español e Inglés.

El Señor me dijo ve y dile, *"que si quiere ver mi gloria y poder"* y al momento yo repliqué… que… no, claro que no iré, él habla ingles y yo español, empecé a dialogar perdiendo la noción del tiempo; tiempo humano "cronos", y me introduje en el tiempo "Kairos", el tiempo de Dios.

Esto es semejante a lo sucedido con la burra de Balam, desconocí por completo con quien dialogaba y resistía a lo que en ese momento se me pedía.

Cuando tenemos nuestro propio plan e intentamos hacer las cosas a nuestra manera, Dios nos da un toque, poniendo en medio nuestro una circunstancia, pero la rodeamos y volvemos al camino, volvemos a lo que habíamos emprendido.

La Escritura señala en Números 22:24-25 el ángel de Jehová se paró en una parte de la viña donde había paredes el asna ladeándose presionó el pie de Balam y éste golpeó el asna por segunda vez. El símil es cuando seguimos nuestro propósito Dios nos da un pequeño toque que ligeramente nos duele hacemos una excusa y seguimos con nuestro proyecto.

Estaba viviendo dicha situación, no comprendía quién me estaba hablando lo cual continué negándome, pero su orden era tan poderosa que no resistí su mandato y decidí entrar a la iglesia y entrar a buscar a los pastores en la segunda planta donde se encontraba su oficina.

Al encontrarme enfrente de la puerta, reaccioné y me dije así mismo ¡qué estoy haciendo! Y regresé a mis labores, pero al instante el Espíritu Santo me detuvo y me dijo diles, habla con ellos; nuevamente me regresó y tocó la puerta de la oficina del pastor, para lo cual escucho en inglés que se me invita a pasar y al abrir la puerta para mi sorpresa estaban varios pastores y hermanos reunidos orando; me contuve y retrocedí y como pude expliqué que en otro momento regresaría.

Qué me pasa, que estás haciendo me decía continuamente, porque estás obrando así, y regresé a seguir trabajando, después de algunas horas en el pasillo de la iglesia me topé con el secretario del pastor americano el cual amablemente me dijo qué se me ofrecía, que si deseaba él podría traducirme en inglés; para lo cual inmediatamente le contesté, no gracias, yo hablaré con él; pero interiormente me decía a mí mismo: *"qué te pasa, qué estás diciendo".*

No basta con estar cerca de las cosas de Dios. Debemos estar en Dios para que haya cambios en nuestra vida.

No pasó mucho tiempo y el Pastor americano me vio en el pasillo y se acercó y me dijo quieres hablar conmigo y mi respuesta fue afirmativa, pero camino a su oficina me iba diciendo así mismo, "cómo le voy hacer, no sé inglés y el no sabe español". Pasamos a su oficina y él se sentó en su silla de su escritorio, sacó una libreta, pluma y su Biblia y me preguntó qué quería decirle.

Lo que voy a escribir a continuación sucedió y lo expresé en ingles por la gracia de Dios para comunicarle al siervo de Dios, lo que el Señor tenía para él...

Buenos días pastor, tengo un mensaje de parte de Dios para Usted, el problema es nuestro idioma, usted no sabe español y yo no sé inglés, pero el Espíritu Santo nos ayudará a interpretar el mensaje.

Dios me dio una palabra para Usted, el Señor me dijo que si está listo para ver la gloria de Dios, que Dios quería manifestarse en su vida.

Le cité la Palabra de Dios en Lucas 4:18

El Espíritu del Señor está sobre mí, por cuanto me ha ungido para dar buenas nuevas a los pobres; me ha enviado a sanar a los quebrantados de corazón, a pregonar libertad a los cautivos y vista a los ciegos, a poner en libertad a los oprimidos y a predicar el año agradable del Señor.

Dios quiere usarlo, el Señor manifestará su poder en su vida, pero necesita romper con los paradigmas que tiene, ya que se nos había enseñado a qué creer y qué no creer y esto evitaba el recibir un milagro, vivimos una vida viciada, un ciclo natural de la vida. Pero Jesús rompe estándares humanos, costumbres y normas preestablecidas y no leyes naturales ya que todas están en armonía.

Hay dos verdades que debemos saber muy bien: Dios quiere sanarnos. Él tiene un serio interés en nosotros y en nuestro bienestar.

La condición puede ser física, emocional o espiritual. Dios puede obrar en las tres áreas de nuestra vida. Dios quiere usarnos para sanar a otros. Nosotros podemos ser ese ángel que Dios envíe a sanar a los que están enfermos. Pero primero debemos estar sanos, primero necesitamos nosotros creer.

Estamos condicionados al mundo natural, creemos lo que vemos, las leyes naturales están en armonía, ninguna se rompe. Lo que yo creo afecta mis pensamientos, emociones y acciones y la lógica nuestra no es la lógica de Dios. Si no aprendemos a creer, todo lo vamos a querer solucionar en el medio natural.

Dos áreas de nuestra vida que impiden un cambio en nuestro ser: La parálisis emocional: no poder vencer los rencores, los temores, las angustias y dejar que nos paralicen, que el plan de Dios no prospere en nosotros.

Y la parálisis espiritual: no dar lugar a Dios para que nos cambie. No avanzar en la santidad, no avanzar en el ministerio, no avanzar en el conocimiento de Dios.

¿Cuánto tiempo necesita Dios para cambiar nuestra realidad? Dios no necesita tiempo, necesita un corazón humilde lleno de fe. Cuando Jesús nos quiere tocar y bendecir siempre planteamos alguna excusa, algún paradigma.

Cuando oramos las circunstancias nos dictan normas, Cuando Jesús oró por la niña muerta, el sacó a los que no creían en el. Mc. 5:35 y Lc. 5:17 y el poder de Dios estaba con él para sanar (pero no lo estaba haciendo), Jesús sabía cuándo actuar y cuándo sanar. Hubo lugares donde no hubo milagros.

Dios quiere usarte, sólo déjalo obrar aun en contra de las leyes naturales y tus propios paradigmas, solo créelo y obedécelo, nos invita a creerle y veremos la gloria de Dios.

Fue un momento especial donde el Señor mismo nos llenó con su Santo Espíritu y el varón de Dios recibió la Palabra, la cual a puño y letra plasmó en sus apuntes.

Al terminar de hablar con él, él me dijo: cuando tocaste por primera vez en la mañana y no quisiste pasar, nosotros estábamos reunidos pidiendo a Dios una palabra para hacer su voluntad y esto que acabas de decirnos es la Palabra que tanto estábamos esperando de parte del Señor.

Tuve la oportunidad de saber que el pastor llevó esta palabra al púlpito, fue un sermón lleno de poder, de quebrantamiento, de rompimiento de paradigmas, normas y conductas que afectan el desarrollo cristiano, donde sólo el poder de Dios, donde su unción rompe los yugos y ataduras del enemigo y milagros poderosos suceden.

"Donde lo imposible se hace posible..."

Después de la primer experiencia tenida con el Señor y la Palabra que me dio para el pastor, el Señor empezó a tratar con mi vida de una manera muy especial, puedo decirle que mi oración se convirtió en un diálogo continuo, en otras palabras ya no oraba, era una conversación continua con Él.

Cada mañana cuando empezaba en mi trabajo a solas dialogábamos el Señor y yo, me estaba esperando, me gozaba con su presencia, está totalmente desconectado de la realidad y sumergido en su mundo natural. (Lo cual expresamos que es sobrenatural cuando se encuentra fuera de él).

No existía momento, que no hablase conmigo y me mostrase su gloria y su poder, el sólo susurro de su voz y las caricias de su presencia, me estremecían continuamente y llenaban mi ser y podía sentir los preciosos ríos que corrían dentro de mi ser.

Cierta mañana, llegué como de costumbre, buscando su presencia, hablando con él, diciéndole aquí estoy Señor; era una hermosa mañana, el trinar de las aves, el aire fresco, pero buscaba su voz y exclamé:

¡Señor háblame hoy! Necesito escuchar tu voz una vez más…

El tiempo transcurría y estaba a punto de terminar mi sesión de limpieza de esa área, cuando de pronto sólo me dijo: hoy no hablaré, solo quiero que me alabes hoy, solo alábame, mi rostro y mi espíritu se llenó de gozo, la

Alabaré al Señor toda mi vida; mientras haya aliento en mí, cantaré salmos a mi Dios.

atmósfera empezó a cambiar, fue una nueva experiencia, como su Palabra lo dice, nuevas son sus misericordias cada mañana,

Él no repite los días, las experiencias con Él eran nuevas cada día. La alabanza abre puertas para que Dios haga grandes cosas y haya más poder.

La importancia de la alabanza

Porque la Escritura nos invita a alabarle, y expresa que ella es capaz de cambiarlo todo, que necesitamos hacer sacrificio de alabanza. Sacrificio viene del gr., que significa matar con propósito, con un objetivo afín. Tiene sentido, es para obtener o dar algo a cambio. La palabra alabanza viene directo de la palabra hebrea: aleluya. Ésta, en sí misma, está llena de un significado tan grande y tan profundo que es la palabra universal para adorar a Dios, no se traduce en ningún idioma, en todos se dice: ¡…aleluya…!

La palabra aleluya halaluiah del latín הַלְלוּיָהּ [Halleluya, Hallelûyāh] del hebreo ¡Alaben a Dios! ¡Gloria al Señor!' Es una exclamación de júbilo originaria del judaísmo muy común en esta religión y también en el cristianismo, que la adoptó para su uso litúrgico. Para la mayoría de los cristianos, esta es la palabra más alegre para alabar al Señor.

Según el diccionario de la Real Academia dice: Aleluya es una adaptación de la expresión hebrea hallĕlū Yăh, que significa "alaben [ustedes] a Jehová" o "alabad a Jehová".

Hallel expresa a su vez no sólo alabanza a, sino "loor a", término que sólo aplica a personas de altísima dignidad y en su sentido más estricto solamente a Dios. Es una expresión que establece que sólo a Él pertenece el loor. Los hombres pueden expresarse alabanza entre sí, pero loor sólo aplica a Dios, por lo que "aleluya", en su sentido más profundo, traduce: "loor al único que existe en sí mismo: Jehová" (Yah: abreviación poética del nombre divino, Jehová este nombre aparece más de siete mil veces en la Biblia, a menudo formando parte de la expresión aleluya). Si de algo el Señor se agrada es que le alabemos, ¡ya que fuimos creados para alabar a Dios! El Señor nos dice:

El pueblo que Yo me he formado me cantará alabanzas. (Isaías 43:21)

Es la mejor manera de glorificar a Dios, pues nos dice en el Salmo 50:23: "Quien me ofrece alabanza, ése me glorifica y a quien endereza su camino le mostraré la salvación de Dios." Es la puerta que nos lleva a su presencia, la cual se origina en un corazón lleno de amor hacia Dios; convirtiéndose en parte integral de nuestra vida. A tal grado que se convierte en tu respirar.

Deuteronomio 6:5 dice, "Y amarás a Jehová tu Dios de todo tu corazón, y de toda tu alma, y con todas tus fuerzas."

El Señor me invitaba a alabarle, en momentos como estos pueden parecer ilógicos, pero es sumamente eficaz. La alabanza cambia nuestra perspectiva y nuestra fe, abre la puerta para que Dios haga grandes cosas, e influye sobre otras personas. Pero para ellos la relación que se tiene con él es requisito e involucra la comunión y la comunicación que se debe tener con Él.

Como lo expresé anteriormente, todo depende a quién alimentas ya que el espíritu está dispuesto a adorar, pero el cuerpo es débil y la reacción de la alabanza se expresa de modo físico, requiere que se estimule el cuerpo. Sin embargo, puesto que la adoración es una función del espíritu, lo que se necesita no es estimular el cuerpo, sino desatar el espíritu.

Cuida de los míos

En otra ocasión en la mañana, una vez más buscaba su rostro, tenía inquietudes y preguntas sin respuesta; buscaba que El Señor me contestara. Pero Él que todo lo sabe, está presto a ayudarnos antes de que nosotros expongamos nuestras necesidades.

Hebreos 4:13: Ninguna cosa creada escapa a la vista de Dios. Todo está al descubierto, expuesto a los ojos de aquel a quien hemos de rendir cuentas.

El Señor empezó a hablarme y me dijo: ***"cuida de los míos"*** lo cual repliqué diciendo... No, tú cuida de los míos, Señor.

Como todo buen padre si algo nos preocupa es el bienestar familiar, las necesidades vitales de nuestras familias; como el vestido, la alimentación, vivienda, etcétera.

No quiero verme grosero con estas expresiones lectores aquí citadas, pero así me sucedió; estaba viviendo experiencias nunca antes vividas, es por ellos de errores que cometía al dirigirme a Él. Negándome a la petición de mi Señor, lo cual le pedí perdón.

Replicaba... No tú cuida de los míos, el Señor me contestó diciendo: No has entendido, Ricardo, cuida a mí rebaño, No, Señor, tú no entiendes, necesito que cuides y protejas a mi familia... Cuando de pronto reaccioné y me pregunté qué estás diciendo, Ricardo, perdón, Señor, no entendí.

Perdí el tiempo, el Señor me estaba encargando su rebaño, que cuidara de ellos, que necesitaban ser enseñados.

Mi pueblo está pereciendo por falta de conocimiento y se ha llenado de incredulidad. Vive todo un rito de religiosidad, que niega la verdad con sus acciones, se ha corrompido y ha levantado ministerios de hombres, donde Yo no estoy; donde mi unción y poder están lejos de ellos, ya no me preguntan como Moisés, *si tú no vas conmigo, yo no iré...*

No han querido escuchar mi voz, quiero que tú les enseñes y Yo cuidaré de los tuyos, quiero que tú los guíes a mi presencia y Yo tendré en la diestra de mi justicia a los tuyos.

Fue una mañana gloriosa, su misma presencia se paseaba en el área donde trabajaba y hablaba conmigo, me enseñaba su sabiduría, si hay algo que la Biblia nos enseña acerca de Dios, es que es sabio:

Con Dios está la sabiduría y el poder; suyo es el consejo y la inteligencia. (Jo 12:13)

Era un trato muy especial que tenía conmigo, se había hecho en mi vida una costumbre, que el Señor me enseñara y hablara continuamente cada mañana. Mostrándome cosas que nunca imaginé ver y oír; sólo clamaba y el Señor hablaba.

Aun en mis sueños el Señor trataba conmigo, como cierta noche que me fui a dormir, después de un lapso de tiempo; en ocasiones las necesidades cotidianas nos las llevamos a nuestra cama y nos sentimos perturbadas. Recuerdo que eran las tres de la madrugada y el Señor me despertó y me dijo... "Cuál es el problema sólo clama y yo respondo", me decía el Señor.

Clama a mí, y yo te responderé, y te enseñaré cosas grandes y ocultas que tú no conoces. (Jeremías 33:3)

Por sueño, en visión nocturna, Cuando el sueño cae sobre los hombres, Cuando se adormecen sobre el lecho. (Job 33:15)

Quiero invitarte a experimentar esta área, busca primero su reino y lo demás Él os lo dará por añadido, es para todos, él quiere bendecirte con su presencia, quiere tocar tu vida, invítalo ahora.

Mas buscad primeramente el reino de Dios y su justicia, y todas estas cosas os serán añadidas. (Mateo 6:33)

También me parece que aquí está la clave para tener una vida victoriosa en Cristo y ser totalmente libre de preocupaciones. Es poderoso movernos en la unción de Dios.

Cierta vez me encontraba en la limpieza del comedor que cada día limpiaba después de que los chicos lo habían usado en la hora del lonche, encerrado en dicho lugar, empecé a alabarle; empecé a darle toda honra y gloria, pero tenía una necesidad económica y empecé a exponerla al Señor, no estaba padeciendo escaseces, ni mucho menos era una necedad de mi parte, sólo deseaba satisfacer las necesidades elementales de mi hogar.

Pablo nos dice en Filipenses 4:11-13: No lo digo porque tenga escasez, pues he aprendido a contentarme, cualquiera que sea mi situación.

Sé vivir humildemente, y sé tener abundancia; en todo y por todo estoy enseñado, así para estar saciado como para tener hambre, así para tener abundancia como para padecer necesidad.

Todo lo puedo en Cristo que me fortalece.

Padre, tú lo sabes todo, sabes que te amo, que anhelo conocerte más y más, deseo tu presencia, y también sabes que trabajamos en lo secular mi esposa y yo, más no es suficiente para la manutención de mi familia, los gastos de renta y despensa,

Padre te pido en este momento que toques un corazón, que muevas a alguien a misericordia y me bendiga económicamente.

El Señor me sorprendió al instante, había terminado de limpiar el comedor y me disponía a salir cuando en el pasillo me topé con una hermana en Cristo, que me dijo "hermano tengo un cheque para usted, y al final del trabajo se lo entrego". Exclamé ¡lo tomo!, espiritualmente estiré la mano y lo tomé, es mío en el nombre del Señor.

Le comenté a mi esposa sobre lo sucedido y al término de mis horas de trabajo mi esposa me recogió del trabajo y me preguntó por el cheque, el cual le dije no me lo dio, pero es mío, ya será mañana, agradecí a Dios por haberme escuchado.

Al día siguiente recuerdo que olvidé por un momento esa bendición y me dediqué como cada mañana, a buscarle y alabar su nombre, pero sin dejar de hacer mis actividades cotidianas de trabajo, al final de la jornada mi esposa me comenta que le habían entregado el cheque, lo cual le dije llévalo al banco lo cambias y vienes por mi a la hora de salida.

Al regreso para recogerme le dije a mi esposa, de cuanto era la cantidad, y ella me dijo; son ochocientos dólares *"¡Gloria a Dios!"* exclamé, gracias, Padre, por ello.

Esta y otras bendiciones se vinieron en escalada a nuestras vidas, en otra ocasión, esta misma hermana quería bendecirnos una vez mas, y al topármela en el pasillo se detuvo y exclamó, disculpe tengo un cheque para ustedes; y yo por dentro exclamaba, gracias Señor, es mío en tu nombre y lo tomaba espiritualmente en mis manos.

Recuerdo que le decía al Señor que sea de doscientos dólares no mejor de quinientos, bueno Señor bendíceme con más; y la cantidad recibida así fue mil seiscientos dólares, y así sucesivamente el Señor nos bendijo económicamente.

No se cuál sea tu necesidad, podría ser de igual manera financiera, o alguna situación de salud física, o un problema matrimonial o de cualquier otro índole, lo que no puedo decirte es como lo hará contigo, pero de algo estoy seguro Él quiere bendecirte, Él quiere tocarte y llenar de igual forma el vacío de tu ser, como lo hizo conmigo.

Faltaría espacio para enumerar todas las peticiones que el Señor me contestó, y sigue contestando a través del tiempo; aun en el momento mismo de la narración y escrito de este libro; Dios se sigue moviendo y ofreciéndome destellos de su gloria. Milagros increíbles y poderosos.

Todo empezó en mi vida así, una necesidad vital de su presencia, una búsqueda inefable por encontrarme cara a cara con él. Ya nada era suficiente, sabía que había más, era sólo de buscar y el que busca halla, la oración de Jabes me impactó en mi pasado, ahora sabía que había algo más allá de la oración de Jabes. Quería ver un destello de su gloria. El umbral de su majestad en mi ser.

Cambió su futuro, un futuro incierto y maldecido por su nombre, ya que según la tradición judía el nombre denotaba el estilo de vida del individuo. Jabes significa, maldición, dolor, sufrimiento, estaba destinado a la derrota, pero la Escritura señala que fue más ilustre que sus hermanos, y lo más poderoso que me llamó la atención es que Dios le concedió todo lo que pidió.

¿Qué hizo Jabes para cambiar su porvenir, de que se tomó, de que se valió?; ésta y otras muchas interrogantes me orillaron a buscar la respuesta, si Jabes lo hizo porque yo no; me cuestionaba.

Esto se convirtió en mi anhelo de llenarme y satisfacer mi ser espiritual, de sentir esos preciosos ríos que salen de nuestro interior cuanto el espíritu Santo nos toca y nos llena de su unción.

Te reto, a buscarlo, te reto a vivir en su presencia, y ser conforme al corazón de Dios, sé la niña de sus ojos. Sé conforme al corazón de Dios. La palabra hebrea para "corazón" lo señala como el centro que gobierna todo el ser y, por consiguiente, todas sus acciones, los aspectos emocionales, intelectuales.

He hallado a David... varón conforme a mi corazón.
(Hechos.13:22)

Cuando lo vivas no desearás dejarlo jamás, no hay otro como él, conforme a su corazón. La concepción hebrea de la palabra "corazón" lo señala como el centro que gobierna todo el ser y, por consiguiente, todas sus acciones, emociones, tu intelecto a su servicio.

Él se convertirá en el centro de tu vida, será el todo, el único motivo para vivir, será tu respirar, el agua de vida, el pan de vida y mucho más.

Y les daré un corazón nuevo, y un espíritu nuevo pondré dentro de ellos; y quitaré el corazón de piedra de en medio de su carne, y les daré un corazón de carne" (Ezequiel.11:19)

Mateo nos habla del corazón de Jesús: *...Aprended de mí, que soy manso y humilde de corazón y hallaréis descanso para vuestras almas.* (Mat.11:29).

Capítulo VIII

La gran comisión

El Señor empezó a preparar mi vida, para obrar en la vida de algunos hermanos con necesidades especiales, como así lo expresa su Escritura y enseñarles la Palabra que los traería a la libertad, "Así que, si el Hijo os libertare, seréis verdaderamente libres". (Juan 8:36).

Empezaba la tarea, era el anhelo de mi vida, predicar y enseñar su Palabra, estaba dispuesto a ir a donde el Señor me enviara, a darlo el todo por un pequeño destello de su gloria, sólo le pedía dame lo que necesito, dame tu unción, dame de tu gracia, tu benevolencia y poder, para ver tu gloria y tu poder trasformando y cambiando las vidas de mis hermanos; habla por mí, Señor. Quiero ver tu gloria, Señor.

Necesitaba la unción, para cumplir la gran comisión, pero nadie puede recibir la Unción si camina por vista. Si el Señor no te pasa por Gilgal, por Betel, Jericó y aun por el Jordan. Se necesita la experiencia de un nuevo estilo de vida, el caminar por fe; si se quiere la Unción sobre nuestra vida.

Pero había que morir a la carne, había que dejar de alimentarla y vivir en el espíritu, como lo ilustré anteriormente.

El Señor me había pasado ahora a Gilgal, a una vida de fe, después de haber dejado mi tierra y parentela, y todo Egipto había quedado atrás; donde la comodidad del trabajo, casa y amigos ya no existían más.

Ahora en un territorio por demás desconocido, donde la cultura, el lenguaje se convertían en obstáculo para salir adelante, donde había dejado atrás mi país, mi carrera, ya no dependía de mi paga por mi profesión, donde ya ni la nube y ni la columna de fuego me protegían.

Todo había quedado atrás, era momento de emprender la vida en fe, en la tierra de Gilgal donde el Espíritu Santo se presenta, donde nos toca y nos unge para la gran comisión.

Gilgal fue símbolo de fe en mi vida, donde todo quedó atrás, donde se toma el arado y no se es digno de voltear atrás, dejar el Egipto y seguir adelante en fe.

Donde Dios te da la orden de dejarlo todo, todo en absoluto por seguirle a Él; donde Eliseo lo dejó todo, por recibir la unción, donde Abraham sin saber adonde iba dejó su tierra y su parentela por obedecer a Dios y recibir la tierra prometida, donde la fe se hace realidad.

El paso por Betel no fue nada fácil, donde la carne comienza a morir porque el vivir por vista mantiene a la carne viva. El vivir por fe era darle lugar al espíritu, era confiar en él y todo lo que de aquí en adelante se obtuviera era en fe, la carne moría, donde la lógica y la razón no tienen lugar en nuestras vidas.

Betel se convierte en el lugar de lucha y de muerte, donde ahora dependemos de quien alimentamos, si al espíritu o a la carne. Es símbolo de muerte, Pablo lo exclamó, "ya no vivo yo, mas Cristo vive en mí" donde nuestro yo, nuestros logros quedaron enterrados.

Jericó, el lugar de la lucha, el lugar de pelea, donde todo problema se disipa, donde nuestros muros de dificultades son derrumbados, por el poder de la unción, enfermedades y temores se destruyen; donde las fortalezas y paradigmas en nuestra mente son derribados. Donde dejamos de existir para vivir en el espíritu.

El Jordán es el lugar de la visión. Es donde el Señor te habla, donde el silencio de Dios había concluido y empezó a hablar, y te deja estupefacto y anonadado su contestación.

Ahora es nuestro silencio hacia Dios, el que prescindía, donde el habla pierde, donde no puede articular palabra alguna hacia su contestación. Es el lugar donde Dios te muestra su visión para llevar acabo su gran comisión. Es el Jordán de tu vida, donde el Señor revelará a tu oído y te enseñará el consejo, es donde me cuestionó personalmente diciéndome:

Quieres ver mi gloria y mi poder,

Qué harías si te diera mi gloria y poder,

¡Si pusiera en tus manos mi unción…!

Empezó a tratar conmigo, empezó a enseñarme sobre la vida, sobre la relación perdida entre Dios y el hombre, me empezó a enseñar que todo lo que quiere es estar en armonía con el ser humano.

Si el Señor te permite llegar hasta el Jordán, después de haber experimentado tu pase por Gilgal (la vida por fe) y haber dejado tu yo en Betel y haber muerto a la carne, y te encuentras en el punto del Jordán, la unción caerá en tu vida, junto a ti y te llenará.

Pero el Señor mismo me preguntó *¿qué harías si pongo la unción en tus manos?*

Cuidado con lo que hagas con la Unción, recuerda que las vidas que viene a ti, para que les ministren no son tuyas, son del reino de Dios, es cuidar a los suyos me dijo el Señor y Él cuidará de los tuyos.

La unción no se negocia, es sólo para su gloria, ningún merito tuyo o mío podrá ser para nuestra gloria, el no la comparte con nadie. Sólo debe de ser usada para traer gloria al Señor Jesucristo... y no para nosotros.

El Pastor Carlos Freidzón lo expresa en su libro *Espíritu Santo, tengo hambre de ti* cuando le fueron dadas las llaves de la ciudad, y quiso mostrárselas a su iglesia,

El Espíritu le habló y le dijo "Carlos, no te las dieron a ti, sino a mí. Son para mi gloria. Entonces y sólo entonces estarás listo para la gran comisión".

¿Qué es la gran comisión? Es comunicar las buenas nuevas a todo aquel que necesita ser rescatado de las tinieblas a su luz admirable.

La Gran Comisión, es dada por Jesús a sus seguidores, para traer libertad a los cautivos, donde los heridos, los deprimidos, los frustrados y los confundidos puedan encontrar amor, aceptación, ayuda, esperanza, perdón, guía y aliento.

> *Por tanto, Id, y haced discípulos a todas las naciones, bautizándolos en el nombre del Padre, y del Hijo, y del Espíritu Santo.* (Mateo 28:18)

ID es un verbo imperativo. El modo imperativo se usa para dar órdenes, ruegos o deseos. Es una orden por demás incuestionable, sólo se ejecuta.

La gran comisión se convierte en un Llamado Personal, Jesús llama a cada cristiano a salir por fe y difundir las Buenas Nuevas. ¡Esto es fe en acción!

¡La gente que obedece este mandamiento cambia su vida espiritual para siempre! Nunca más vuelves a ser igual, donde el Espíritu Santo te guiará y te llevará a toda verdad y justicia.

Donde la gloria de Jehová se manifestará en toda carne, los cojos andarán y los ciegos verán; donde las señales y pródigos se manifestarán.

Cierto día recuerdo que a la hora que me tocaba la limpieza del comedor, como a las dos de la tarde. Era un momento muy especial en mi vida, ya que me quedaba solo limpiando, pero el cual aprovechaba nuevamente para dialogar con el Señor. Vivía momentos donde la presencia misma me tocaba y la atmósfera en la que me desenvolvía era transformada.

Señor, le decía, esta semana va a ver un encuentro y quiero participar, permíteme estar presente, quiero ir y enseñar tu Palabra. Quiero cumplir con la gran comisión, es mi anhelo y deseo servirte.

El Espíritu Santo me tocaba de una manera muy especial, sabía que me escuchaba conocía el deseo de mi corazón de participar.

Ese día el hermano encargado de ministerios de matrimonios, me pidió su apoyo, quería que le ayudara a pasar una película en la iglesia relacionada a su ministerio, esa misma tarde a las siete y media.

Dio inicio la película y me encontraba al final del pasillo junto con el hermano anfitrión, para lo cual la líder del encuentro se acerca a pedirle al hermano su apoyo y participación al encuentro.

Después de dialogar; el hermano se negó a participar ya que tenía otros compromisos ya previamente establecidos, la hermana líder del encuentro dirigió su mirada hacia mí y me propuso participar en él, era mi petición.

El Señor estaba concediendo el deseo de mi corazón; e inmediatamente asumí mi responsabilidad y le dije a la hermana que sería un placer y un privilegio servir en dicho encuentro.

Al llegar a casa, le comenté a mi esposa tal experiencia, pero para mi sorpresa ella expresó:

¡Ricardo, ese día cumple nuestra hija años y prometimos estar con ella, no puedes ir al encuentro!

No lo había recordado, pero ya mi palabra estaba dada, pero más que eso Dios sabía que era mi deseo participar. Mi esposa entendió y confiamos en Dios que bendeciría a nuestra hija ese día.

Llegó el día y la hora para partir ese viernes al encuentro, todo estaba listo, estaba preparado y sabía que Dios manifestaría su poder y su unción en aquel lugar.

Eran las cinco de la tarde. En ese momento una hermana muy querida de mi grupo celular llegó con un hermoso pastel para mi hija, agradecí el detalle, me tomé unas fotos con mi hija; oramos a Dios y partí a mi compromiso con Dios.

Dios se manifestó poderosamente en ese lugar, tuve la oportunidad de presentar la Palabra de Dios, ante los encontrados, ante los invitados que no conocían al Señor, hablando de su poder, de sus milagros;

Tuve la oportunidad de compartir el testimonio de mi esposa cuando fue sanada de Lupus, en dicho encuentro, una mujer fue sanada de lupus para la gloria de nuestro Señor Jesucristo; un muchacho perturbado por espíritus y demonios fue liberado.

Tuve de igual manera de testificar y contar mi testimonio, cuando Él me libró y me sacó de las tinieblas a su luz admirable, como Dios nos bendijo, sólo sé que el Señor obró en las vidas de cada encontrado, fue glorioso, así transcurrió el fin de semana.

Pude ver como Dios se movía en las vidas de los ahí presentes, Dios les estaba tocando y cambiando sus vidas, fue un fin de semana glorioso.

El lunes a primera hora todos nos levantamos, cada uno a nuestros deberes, mis hijas a la escuela y mi esposa y yo a nuestro trabajo, por completo había olvidado el cumpleaños de mi hija.

Al final de la jornada de trabajo y cansado llegué a casa, y mi pequeña hija, la cumpleañera, se me acerca con la cámara fotográfica, diciéndome mira papi las fotos que tomamos el vienes en mi cumpleaños.

Cuáles, mi bebé, así le decía de cariño, tomé la cámara en mis manos y empecé a recorrerlas cada una y para mi sorpresa, empecé a ver a mi hija en su fiesta, con globos, regalos, pastel, refrescos y una gran cantidad de amiguitas y hermanos en Cristo que la acompañaron ese día en casa, festejando a mi pequeña.

En ese momento el Señor habla a mi espíritu, y me hace recordar aquel diálogo que anteriormente había tenido con él. Su presencia nuevamente inunda mi ser y susurra a mi oído... diciéndome, Ricardo, tú cuidaste de los míos (en el encuentro) y yo cuidé de los tuyos en casa. Mi Palabra fue dada y no soy hombre para que mienta, mi Palabra no falla, y no vuelve vacía.

El Señor confirmaba su promesa... a Dios sea la gloria y su nombre glorificado, me cumplió lo que me prometió, tuvo cuidado de los míos, llevó a cabo el Señor una fiesta que si la hubiéramos planeado nosotros como padres, no hubiese sido posible. A Dios no le ganamos a dar, decía aquel predicador, Juan Romero; si yo le doy dos, el me dará cuatro, en Dios todo es bendición.

Glorifico a Dios en todo tiempo y cada momento, en mi salón de clases de escuela dominical y cada viernes en el grupo celular, donde la presencia de Dios se manifiesta y su gloria y poder nos llena con su unción poderosa.

No me canso de predicar y mi anhelo es enseñar a mis hermanos su Palabra, es mi pasión, es mi deseo servir a Cristo con mi talento y todo lo que tengo lo pongo ante sus pies.

Hoy no cambio lo que hago por mi escritorio, por mi antiguo empleo, hoy deseo más que nada servirle y trabajar para Él, es el mejor patrón.

Dios nos invita a trabajar en su viña, la mies es mucha y obreros faltan, la cosecha ya está lista y el Señor viene pronto por su pueblo.

EL DETONANTE

Lucas 4:17-21 fue el detonante, que el Señor usó en mi vida personal, para empezar a ministrar la vidas de todas aquellas que se encontraban en alguna circunstancias atadas y esclavas del pecado por cuestiones de desconocer las verdades de la Palabra.

La cita reza de la siguiente manera: [17]Y se le dio el libro del profeta Isaías; y habiendo abierto el libro, halló el lugar donde estaba escrito:

[18] El Espíritu del Señor está sobre mí, por cuanto me ha ungido para dar buenas nuevas a los pobres; me ha enviado a sanar a los quebrantados de corazón; a pregonar libertad a los cautivos, y vista a los ciegos; a poner en libertad a los oprimidos;

[19] A predicar el año agradable del Señor.

[20]Y enrollando el libro, lo dio al ministro, y se sentó; y los ojos de todos en la sinagoga estaban fijos en él.

[21]Y comenzó a decirles: Hoy se ha cumplido esta Escritura delante de vosotros. Esto es lo mas excitante que la Escritura hoy se cumple delante de vosotros.

Liberación del cautiverio físico de Israel. Este pasaje describe la liberación de Israel del cautiverio babilónico como un año de jubileo en el que cancelaban todas las deudas, se liberaban los esclavos. Pero la liberación del cautiverio no trajo consigo lo que el pueblo esperaba, todavía era un pueblo conquistado y oprimido.

Encargo de Dios para Ciro. Isaías 45: [1]Así dice Jehová a su ungido, a Ciro, al cual tomé yo por su mano derecha, para sujetar naciones delante de él y desatar lomos de reyes; para abrir delante de él puertas, y las puertas no se cerrarán:

[2] Yo iré delante de ti, y enderezaré los lugares torcidos; quebrantaré puertas de bronce, y cerrojos de hierro haré pedazos;

[3] y te daré los tesoros escondidos, y los secretos muy guardados, para que sepas que yo soy Jehová, el Dios de Israel, que te pongo nombre.

[4] Por amor de mi siervo Jacob, y de Israel mi escogido, te llamé por tu nombre; te puse sobrenombre, aunque no me conociste.

¿Por qué ungió Dios a Ciro? Porque Dios le tenía reservada una tarea especial que debía realizar para Israel. Ciro permitiría que la ciudad de Dios, Jerusalén, se reconstruyera y liberaría a los cautivos sin esperar nada a cambio.

Así mismo Dios nos quiere usar, quiere depositar su gloria y su poder en nosotros, y llenarnos de su unción misma. Quiere que su Palabra se cumpla en nosotros.

No es retórica, no es una poesía es la Palabra misma del Señor haciéndose rema en nuestras vidas, es real para el que cree solamente.

No era sólo para la iglesia prometida, o sólo para nuestros líderes, es para ti, para mí, si crees solamente, porque al que cree todo le es posible.

Mr. 16: 17-18: Y estas señales seguirán a los que creen, en Mi nombre echarán fuera demonios; hablarán nuevas lenguas, tomarán en las manos serpientes, y si bebieren cosa mortífera no les hará daño, sobre los enfermos pondrán sus manos, y sanarán.

Todos hemos sido llamados y escogidos para su gloria, así como Ciro jugó un papel importante en la historia de Israel, el Señor quiere usarte para su gloria en tu familia, en tu comunidad, en tu iglesia, tu ciudad y por qué no decirlo, hasta lo último de la tierra.

Esdras 1.1 Ciro fue rey de Persia entre los años 559 a 530 a.C. Esta es una referencia al 538 a.C., el primer año de su reinado sobre Babilonia.

Para que se cumpliese la Palabra de Jehová, es lo que explica lo que estaba detrás de los acontecimientos históricos de aquella época.

Por boca de Jeremías, Ciro, el libertador de los judíos, llamado. Dios llamó a Ciro por su nombre cien años antes de que éste apareciera; "el ungido de Jehová" los sacó del cautiverio físico, mientras que el Mesías concedería libertad espiritual.

La Escritura declara en más de una ocasión que Cristo es el Libertador y que la verdadera libertad se encuentra en él.

Ya el profeta Isaías, lo declara como aquel a quien el Señor había ungido para predicar buenas nuevas a los abatidos, para vendar a los quebrantados de corazón, para publicar libertad a los cautivos, y a los presos apertura de cárcel (Is. 61:1).

Ciro cumple la libertad física, y los rescata de la opresión del extranjero; ahora Jesús en el sentido espiritual promete libertad de la pobreza, carencias y miserias, de las enfermedades y esto en un sentido absoluto: tanto físico, mental y espiritual.

Te promete libertad del temor, incluyendo su causa más profunda y universal: la muerte y el infierno. Promete libertad de expresión en el verdadero y más sublime sentido del término.

¿Qué sucede con la humanidad, qué nos pasa, por qué tanta enfermedad, acaso Cristo no nos liberó en la cruz del calvario?; Dios nos creó como seres humanos completos, para llevar una vida integral, decía mi hijo cuando era pequeño y pertenecía al grupo de los Royal Ranger "Dios nos bendice en lo físico, mental y espiritual".

El doctor Colbert comenta que lo que sentimos emocionalmente suele convertirse en como nos sentimos físicamente. Entonces deducimos que los problemas físico mentales que se padecen son causados por la falta de paz en el alma; en otras palabras el alma está enferma, está a punto de colapsarse.

Cuando el Señor dirigió sus primeras palabras a mi vida, me dijo: Es la falta de armonía en el alma entre ustedes y Yo. Empezó a tratar conmigo, empezó a enseñarme sobre la vida, sobre la relación perdida entre Dios y el hombre, me empezó a enseñar que todo lo que quiere es estar en armonía con el ser humano.

Cuando nuestra mente está llena de altibajos y problemas que causan que el corazón se entristezca y el espíritu se aflige, consecuentemente el cuerpo se enferma y refleja la condición interna del alma.

El corazón apacible es vida de la carne; Mas la envidia es carcoma de los huesos. (Proverbios 14:30)

Dice Salomón que: "la envidia es carcoma de los huesos" (Proverbios 14:30) como ejemplo de una situación mental que se convierte en un problema físico, hablemos de la carcoma.

La carcoma es un insecto *coleópteri,* muy pequeño y de color oscuro, cuya larva se introduce en los muebles y en los árboles; roen y taladran la madera más dura al tiempo que produce un ruido muy especial.

Cuando Salomón afirma que la envidia es carcoma de los huesos, de los huesos humanos, nos dice que la envidia penetra hasta la médula de nuestra estructura esquelética, contamina el interior de nuestro cuerpo y se extiende por las partes de nuestra personalidad moral y espiritual. De tal forma asentada y diluida en nuestro ser, la envidia va royendo y taladrando la mente, el cuerpo, el corazón, el alma, el espíritu, la vida entera, convirtiéndonos en seres atormentados y acomplejados.

Si esto sucede con una pequeña larva, que se introduce a nuestro cuerpo y daña el alma. La pregunta que nos haríamos es ¿Cuál es la condición y deseo de Dios para la humanidad? Rotundamente la respuesta sería "la plenitud".

Plenitud es la palabra más bella del castellano sólo en su sintaxis encontramos que al nombrarla se llenan todos los vacíos. Trae arraigada libertad abarcadora, belleza sensorial intangible e inconmensurable.

Engloba todo aquello que realmente importa, como puede ser el amor, la felicidad la paz, la salud... Todo aquello una persona imagine para poder sentirse y ya transformándolo en verbo, pleno.

El diccionario la define *s f* **Plenitud** [pleni'tuð] estado de la persona o cosa que ha alcanzado su máximo grado de desarrollo. (gr. pleordf;remicro;ma). Aunque se traduce generalmente como plenitud, también se vierte como cumplimiento, abundancia y plena restauración. Derivado del verbo pleroemicro; (llenar), significa aquello que es o ha sido llenado.

Alumbrando los ojos de vuestro entendimiento, para que sepáis cuál es la esperanza a que él os ha llamado, y cuáles las riquezas de la gloria de su herencia en los santos. (Efesios 1:18)
La cual es su cuerpo, la plenitud de Aquél que todo lo llena en todo. (Efesios 1:23)

Este es el deseo de Jesús para nuestras vidas, un deseo pleno, completo para nuestras vidas. Porque sufrir tanto en el transitar de la vida, si sabemos que Cristo es la respuesta, y desaprovechar las bendiciones de Dios para nuestras vidas.

Recuerdo al médico que un día nos atendió cuando mi esposa convalecía aquella terrible enfermedad del Lupus, ¿qué les pasa hoy en día a los cristianos?, ¿por qué tanto enfermo?, Dios llevó nuestras enfermedades en la cruz del Calvario, fue real su sacrificio y fue total, al declarar Jesús *"Consumado es"*. Sabes, me dijo el médico, el cuerpo humano está constituido para recuperar las hormonas, células y aun tejidos musculares que se han perdido o desgastado en nuestro cuerpo, éstos por si mismos se reconstruyen, así fue creado.

Nuestro cuerpo funciona por un sistema de glándulas que son las encargadas del mantenimiento de nuestro organismo. En el interior de la cabeza tenemos el sistema nervioso, pero él contiene una glándula llamada pituitaria o hipófisis.

Según el diccionario: La hipófisis o glándula pituitaria es una glándula endocrina que segrega hormonas encargadas de regular la homeostasis incluyendo las hormonas trópicas que regulan la función de otras glándulas del sistema endocrino, dependiendo en parte del hipotálamo el cual a su vez regula la secreción de algunas hormonas.

Me dijo el médico que se encuentra centrado. Es una glándula compleja que se aloja en un espacio óseo llamado silla turca del hueso esfenoides, situada en la base del cráneo, en la fosa cerebral media, que conecta con el hipotálamo a través del tallo pituitario o tallo hipofisario.

Sabes, cuando los creyentes oran a Dios, esta glándula segrega una hormona que para la medicina es la hormona del crecimiento, regenerativa a nuestro cuerpo, pero para el creyente es el centro de contacto entre Dios y los hombres y segrega una hormona de sanidad que baja por todo tu cuerpo y lo regenera y lo sana. Si el creyente orase más, y le creyere a Dios, sanaría.

Esto trajo a memoria una experiencia que mi esposa tuvo en un momento en que ella decayó físicamente, recuerdo que fue invitada al servicio de los miércoles de mujeres, y ella recibió una poderosa palabra de confirmación de su milagro, el cual comenta que al pasar al altar a orar, literalmente ella sintió como desde la cabeza hasta sus pies un rayo láser en forma de círculo iba escaneando su cuerpo y su cuerpo iba sintiendo la unción poderosa que iba ministrando todo su cuerpo físico, mental y espiritual.

DIFERENTES TIPOS DE PERSONAS

El comentario del doctor Colbert que me llamó la atención, dice que sólo en Estados Unidos, cinco mil millones de anfetaminas se consumen y dieciséis mil toneladas de aspirina ¡por año! En un intento por soportar y enfrentar las emociones tóxicas y el estrés que resulta de las mismas enfermedades. Porque formar un estilo de vida con dolor, la preocupación, el miedo, la ira, la amargura, el resentimiento y los diversos grados de depresión.

En Jesús todo es posible, se puede prevenir muchas de las enfermedades temidas, si comenzamos que el Señor trabaje en nuestra salud emocional. Es posible en Jesús obtener la plenitud de la vida, libre de dolor y enfermedades corporales, como mentales y espirituales. Él ve la necesidad interna, este mensaje era muy claro y también muy dirigido a los siguientes tipos de personas.

Como se convierten las emociones en enfermedades, el doctor Candance Pert, investigador del estrés demostró que una determinada clase de células inmunes, los monocitos, tienen diminutas moléculas sobre su superficie, llamadas neurorreceptores, en donde encajan perfectamente los neuropéptidos. Todos los monocitos tienen estos sitios receptores. El cerebro produce neuropéptidos, que son cadenas de aminoácidos, y las envía por las células nerviosas que hay en todo el cuerpo.

El miedo por ejemplo, dispara más de mil cuatrocientas reacciones químicas y físicas, activando más de treinta diferentes hormonas y neurotransmisores. El cerebro percibe el estrés y libera hormonas, llamada adrenalina estimulando los órganos, los tejidos y el ritmo cardíaco aumenta, se estimula el colon, lo cual puede producir diarrea, se dilatan los tubos bronquiales y hay ingreso adicional de oxígeno entre otras reacciones.

Lo declara Jesús en Lucas 4:18: El Espíritu del Señor está sobre mí, por cuanto me ha ungido para dar buenas nuevas a los pobres; me ha enviado a sanar a los quebrantados de corazón; a pregonar libertad a los cautivos, y vista a los ciegos; a poner en libertad a los oprimidos.

LOS POBRES. Según el diccionario significa desdichado o triste, corto de ánimo y de espíritu.

¿Se deprimen los cristianos?, la depresión como forma de sufrimiento humano ha existido por mucho tiempo, es la forma más antigua del dolor emocional, Job se sienta siete días sin decir palabra, Elías, deseó su muerte; Jonás se deprimió y le pidió a Dios que le quitara la vida.

Hipócrates da su primera definición, como "los malos humores" lo llamó melancolía, desde un leve desaliento y desánimo hasta sentimientos de desesperación, llevan al suicidio. Sus síntomas demuestran anhedonia total, ausencia de placer, nada les hace feliz o aviva su ánimo, no hay reacción emocional. El ánimo de la persona es tal que no responde. El Señor me mostró que dichos síntomas aun en los cristianos se presentan, me empezó a preparar para responder a dichas necesidades por medio de su Palabra, diciéndome en Deuteronomio 31:6:

Esforzaos y cobrad ánimo, no temáis, ni tengáis miedo de ellos, porque Jehová tu Dios es el que va contigo, no te dejará ni te desamparará.

Mi pueblo, Ricardo, está pereciendo por falta de conocimiento, el Señor me empezó a revelar su Palabra para llevarla por obra a:

LOS QUEBRANTADOS DE CORAZÓN que literalmente significa: Ser doblados por las calamidades, y que hay cuatro cosas que debemos hacer para ser sanados del corazón quebrantado.

• Debemos mostrarle a Dios nuestro dolor, ser honestos con Él, no es pecado tener dolor; pero ese dolor se convertirá en amargura, en una herida que nunca sana, sino se la entregamos a Él.

• Debemos dejar libre a aquellos que nos han causado dolor, debemos de aprender a perdonarlos y soltarlos.

• Debemos de remplazar las viejas heridas con la verdad de Dios, en ocasiones nosotros estamos infectados con malos pensamientos del pasado.

• Reenfócate en el futuro, olvidando las cosas del pasado y esperando las cosas nuevas que están por venir.

Las bendiciones no son para los fuertes en la gracia, ni para los que tienen total seguridad; sino para los débiles y quebrantados de corazón.

LOS CAUTIVOS, esto significa: estado emocional del individuo inmovilizado, retenido.

LA TENSIÓN Y LA ANSIEDAD: Dr. Hans Selene, especialista en tensión dice que es ilusorio vivir totalmente libres de tensión y ansiedad, la tensión ayuda a la vida para que no sea tan aburrida. Sin embargo grandes dosis pueden lisiar a una persona, bajo ciertas circunstancias la persona fóbica literalmente se paraliza de ansiedad.

La mayoría de nuestras preocupaciones se relacionan a nuestra existencia física, cuando nuestra fe es saludable, confiamos más y nos preocupamos menos. Si hacemos una lista de todo lo que nos tensionó el año pasado, y vemos lo que logramos; nos daremos cuenta que nos preocupamos demasiado.

LOS CIEGOS, que significa ofuscado, poseído, con vehemencia de alguna pasión, "celos, dolor" sin conocimiento y sin reflexión.

El temor nos ciega, a menudo cuando nos toca no podemos pensar claramente o actuar sabiamente, no vemos alternativas para resolver nuestros problemas, Jesús varias veces animó a sus discípulos a no tener temor, a no cegarse por las adversidades. Esta es la preciosa libertad a la que Cristo nos ha llamado, y que debemos dar a conocer al pueblo escogido de Dios, para que no perezca.

LOS OPRIMIDOS, significan causar molestia, o angustia moral. El Salmo 34:19 dice muchas son las aflicciones del justo, pero de todas ellas los librara Jehová.

Muchas son las aflicciones del justo, pero de todas ellas le librará Jehová. (Salmo 43:19).

El Señor me llevó a orar por su pueblo, me empezó a preparar en un ministerio de liberación y restauración.

Capítulo IX

Un libro de regalo

Recuerdo una navidad que mi hija Jennifer me obsequió un volumen del *Pastor Larry Huch* el cual se titulaba *"Las diez maldiciones que bloquean la bendición"* al leer su prólogo e índice me di cuenta de los subtemas a desarrollar el cual no me agradó uno en especial que era la brujería.

No quise iniciar la lectura del mismo por dicho rubro antes mencionado, no por temor a nada que pudiese suceder, de antemano sabemos que la sangre de Jesucristo nos cubre y ninguna arma forjada puede dañarnos.

Recordaba mi pasado, recordaba de donde el Señor me había sacado, fui practicante de magia, hipnotismo, estudiante de Parasicología, me gustaba el mover de la guija y la lectura de cartas, era motivo para dicho libro no leerlo.

Pasó unos meses, pero la inquietud de saber que mi hija me lo había obsequiado y pensar que ella se daría cuenta que no me interesó su presente, tal situación me orilló a empezar la lectura de dicho tomo.

Mi testimonio lo doy a conocer para una mejor comprensión de lo expresado anteriormente.

DE LAS TINIEBLAS A SU LUZ ADMIRABLE. El cuarto hijo de una familia de seis hermanos. Empecé por primera vez a preguntarme sobre mi existencia, sobre el propósito de mi vida en la tierra. Qué me deparaba el futuro y la interrogante de saber que existía un ser supremo que había hecho todas las cosas.

Fue así como a la edad de trece años empecé a tener interés por las áreas relacionadas a la magia, ya que esto trajo hacia mí, interés y admiración sobre las cosas sobrenaturales.

Al término de mi secundaria, en 1980 ingresé a la escuela Normal para estudiar como maestro en educación pública, fue ahí donde nuevamente se me despertó el interés sobre otras áreas; como la psicología, filosofía, parasicología.

Consecuentemente esto atrajo mi interés sobre lo sobrenatural, lo paranormal y me llevó a indagar sobre el hipnotismo, magnetismo y sugestión, deseaba aprender al máximo estas áreas y poder obtener poder sobre los demás.

Con una nueva visión sobre la vida, cada noche contemplaba y admiraba el firmamento, las constelaciones, y me preguntaba sobre la existencia y toda la creación, venían a mis preguntas sobre quién soy, qué hago aquí, y mis preguntas quedaban sin explicación.

Empecé el estudio sobre la astrología a querer saber que me deparaba el futuro y estudiaba la lectura de las cartas, de la mano y consecuentemente empecé a practicar la tabla de la guija, sin darme cuenta cuán equivocado estaba.

Dicha práctica con amigos y familiares, presentaciones en Club de Leones y Caballeros de Colón, y esto me llevó a la búsqueda de más interrogantes, consecuentemente entré en la magia blanca, practicando hechizos, magia roja, verde y llegué a buscar el conocimiento de la magia negra, quise pertenecer al movimiento de los rosacruces, masonería, etcétera.

Un 5 febrero de 1982, se me presenta el plan de salvación, una compañera de estudios que anteriormente, ella misma se había involucrado en la magia negra, ahora me hablaba de Jesús; tomé interés sobre lo que ella me decía, y un viernes 19 de febrero de 1982 decidí, decirle al Señor, vales la pena, te acepto como mi Salvador personal.

Ahora puedo decir *No más esclavo del pecado*. Me dio la visión de liberar al pueblo de Dios pregonando libertad a los cautivos y poner en libertad a los oprimidos, por medio de la enseñanza.

¿Qué sucede, con los que han aceptado a Jesús como su salvador, y no funciona como creían? Cuando se convierte uno dice Pablo "Vosotros corríais bien; quien os estorbó para no obedecer a la verdad".

Pablo utiliza (Gálatas 5:1) la carta magna de la libertad cristiana y establece el principio de la promesa y de la libertad, diciendo "estad, pues, firmes en la libertad con que Cristo nos hizo libres, y no estéis otra vez sujetos al yugo de esclavitud".

La visión es restaurar y sanar al quebrantado de corazón; librarlo del dolor y sufrimiento, dándole libertad a los cautivos y oprimidos de corazón.

La visión: Es predicar el año agradable del Señor, es enseñar que nosotros a la libertad hemos sido llamados; solamente que no usemos la libertad como ocasión para la carne, sino servíos por amor los unos a los otros.

Enseñar lo que la Biblia nos advierte solemnemente a "no dar lugar al Diablo". De "lugar", es la palabra griega "topos". La misma palabra es raíz de palabras hispanas como: "topografía" (Topos = territorio graphos = gráfica, dibujo).

Este es el mensaje que hemos oído de él, y os anunciamos: Dios es luz, y no hay ningunas tinieblas en él.

Si decimos que tenemos comunión con él, y andamos en tinieblas, mentimos, y no practicamos la verdad;
Pero si andamos en luz, como él está en luz, tenemos comunión unos con otros, y la sangre de Jesucristo su Hijo nos limpia de todo pecado.
Si decimos que no tenemos pecado, nos engañamos a nosotros mismos, y la verdad no está en nosotros.
Si confesamos nuestros pecados, él es fiel y justo para perdonar nuestros pecados, y limpiarnos de toda maldad. (1Juan 1:5-9)

Cuando la Biblia nos dice que no demos "topos" al diablo, implica que para hacerlo tienes que usar la voluntad. La voluntad es usada en dos formas: pasiva, y permisiva.

Quiere decir que podemos dar "topos", ceder territorio, al enemigo por medio de abrir una puerta "voluntariamente" o "negligentemente". Esto significa que podemos abrir una puerta por medio de invitarlo a nuestra vida o por medio de olvidar cerrar una puerta.

Tienes que decidir a quien vas a escuchar, al Diablo o a Dios... tú dices, "tenemos muchísimo temor".

La Biblia dice que "no se nos ha dado espíritu de temor" sino de amor y "el perfecto amor echa fuera el temor". Pero, ¿amor a quién? El amor necesariamente necesita un objetivo... el objetivo es amor a Dios.

En otras palabras no amar a Dios es lo que trae temor a nuestra vida y *¿por qué no amamos a Dios?* porque tenemos la noción equivocada de su persona.

Muchas veces lidiamos con nuestro pecado eliminando diaria y sistemáticamente sus frutos por medio de la confesión, pero estos vuelven a brotar, ¿por qué? porque la RAIZ está viva.

Sentimientos de impotencia son dados por Satanás, es su voz la que te hace pensar que no hay esperanza.

La Escritura dice "todo lo puedo en Cristo, que me fortalece". El cristiano es intocable, (el inicuo no le toca) hasta que por voluntad propia se abre a la influencia de Satanás.

Sólo siempre y cuando por negligencia no cierras las puertas, cual y como no la cierras, según la Biblia dice "no se ponga el sol sobre vuestro enojo" y "no deis lugar al Diablo".

Satanás entra a través de una mentira y toma un "topos" (territorio) de tu vida, desde allí él construye fortalezas y extiende sus "topos" (territorio).

Estas y muchas verdades más de la Biblia nos harán libres, ya que la Escritura dice: Conocerás la verdad y la verdad os hará libre y donde está el Espíritu de Dios, ahí hay libertad.

(Cols. 1:13) El cual nos ha librado de la potestad de las tinieblas, y trasladado al reino de su amado Hijo. Pablo aclara en Col 1:23: Si en verdad permanecéis fundados y firmes en la fe, y sin moveros de la esperanza del Evangelio que habéis oído...

Los cuervos de Querit

Hoy las vacas de mi corral están escaseando y los labrados no dan su mantenimiento, mi fe se está desquebrajando y el silencio de Dios me causa desconcierto.

En el diario vivir, día, tras día en busca del Señor, mis sueños y mis ilusiones como la niebla se desvanecen al alba del día.

Quiero pensar que el silencio de Dios, se deba a que prueba nuestra fe, a que busca que sea una fe genuina, he bajado la retaguardia, he bajado el escudo de la fe y susceptible me encuentro hoy.

Señor, ¡hasta cuando redimirás, hasta cuando nos levantarás…! Esta exclamación sale de mi ser, no por que dude de él, sino el deseo y la necesidad vital de seguir escuchando su tierna voz.

Era de madrugada aquel día, y no podía reconciliar el sueño, y orando al Señor clamaba, ¡Señor, ayúdame…! Sólo hazlo, te necesito, el tiempo pasa Señor y yo necesito una respuesta. Quiero decir que Dios no ha olvidado, Él está presto su oído a sus hijos, y aun en medio de la duda, la falta de fe, Él responde y habló a mi vida esa noche,

Aquí estoy, *"No que la Palabra de Dios haya fallado"*… (Romanos 9:6)

Empecé un dialogo con el Señor, donde Él me decía, Yo no he fallado, mi Palabra no ha fallado, lo que yo prometí lo cumplo y estaré con ustedes todos los días de sus vidas, hasta el fin del mundo.

Siguió hablando a mi espíritu y pude entender que el tiempo de Dios, no se mide por el tiempo terrestre, ya que el maneja el tiempo (*kairos*) y el hombre el tiempo (**cronos**) y cuando Él rompe nuestros esquemas y pautas de la vida lo hace en su tiempo; su tiempo es eterno, sin principio y sin fin, puede ser en este instante, ahora, como habla su Escritura en *Lucas 4:21* diciendo:

Hoy se ha cumplido esta Escritura delante de vosotros.

Por eso Habacuc exclamó (Habacuc 2:3) *Aunque la visión tardará aún por un tiempo, mas se apresura hacia el fin, y no mentirá; aunque tardare espéralo, porque sin duda vendrá, no tardará.*

El Señor siguió hablando a mi espíritu esa madrugada abriendo el baúl de mi corazón, para que como tesoro deseado se funda y como crisol que rompe, purifica y pule el metal, se adhiera a mí ser, diciéndome:

He aquí, llamarás a gente que no conociste, y gentes que no te conocieron correrán a ti, por causa de Jehová, tu Dios, y del Santo de Israel que te ha honrado (Is. 55:5)

Esta fue una palabra con poder, que proviene del silencio de Dios hacia nuestras vidas, donde Él está presente aun no le veamos, es una palabra que da fruto, un fruto que sólo se puede concebir en comunión y armonía con Él. El Señor me pedía en ese momento que mis palabras estuvieran en armonía con mi corazón "ya que no sabemos qué pedir" ya que lo que hablaba con mi boca, no era el deseo de mi corazón.

Es por ellos la importancia del Espíritu Santo en comunión con nuestras vidas, ya que Él nos ayudará a admitir nuestras debilidades, y diciéndonos lo que debamos hacer, y empezará a trabajar en cada área de nuestra vida para que se fortalezca, llevándonos a una victoria gloriosa.

OBRA EN TU INTIMIDAD, EN EL SILENCIO

Pero es en la intimidad, es en el silencio en el lugar solitario donde Dios trata contigo, es en el desierto de Dios, Es el lugar donde todo yugo se rompe, donde toda atadura cae, donde el lenguaje terrenal es cambiado por el celestial, donde el enemigo no penetra, donde la clave Morse es usada y no puede ser descodificada por el enemigo.

Orando en el Espíritu, Satanás no puede detectar lo que hablas, no comprende el lenguaje celestial y así frustramos sus planes.

Orar en el Espíritu te permite hallar descanso antes de que pierdas tu integridad, se necesita un lugar tranquilo donde descansar por un tiempo y que en el momento de tu soledad, de tu silencio donde Él obra y Él habla.

Orar en el espíritu nos conduce a un lugar solitario donde Dios puede ayudarte a que enfrentes el estrés, la depresión, y la ansiedad.

Sólo existe un lugar donde todo yugo se rompe y es en la armonía con Dios, donde la unción se vacía sobre tu vida y te llena. Es ante su misma presencia donde Él te toca. Donde tu naturaleza deje de ser, para Él manifestarse.

La unción fluye desde tu cabeza al tener comunión con Él, y te dará autoridad sobre las dificultades, consecuentemente quitará toda carga, todo pesar que quiera abrumar tu vida y el yugo será destruido de tu vida; experimentarás la plenitud de gozo y libertad que sólo Él puede dar.

Nuevamente el Señor quiere tratar con la vida de uno, pero para que la intimidad se dé, es necesario obedecer su Palabra y para que ocurra la intimidad Filipenses lo declara:

Hermanos, yo mismo no pretendo haberlo ya alcanzado; pero una cosa hago: olvidando ciertamente lo que queda atrás, *y extendiéndome a lo que está delante.* (Filipenses 3:13)

Quiero resaltar olvidando lo que queda atrás y esforzándonos por lo que está adelante. Ha sido un tiempo maravilloso, un tiempo "kairos" saber que el Señor está con nosotros, en el cual podemos cantar con toda seguridad.

Encontré una paz, cuán hermosa paz, encontré un agua, que lavó mi ser, y ahora ya no puedo, caminar sin Él, y ahora ya no puedo; yo vivir sin Él…

Qué hermosa melodía, Él nos da una preciosa paz que sobrepasa todo entendimiento, y su amor echa fuera el temor, la duda y la incredulidad. Solo Él puede darnos esa preciosa paz; esa preciosa palabra de consuelo que surge del silencio de Dios.

Es probable que en el silencio en que se encuentra Dios, en relación a nuestras vidas, nuestras peticiones y necesidades, sea para probar vuestra fe.

La fe no probada puede ser una fe genuina, pero es, sin duda, una fe débil, y probablemente mientras esté sin pruebas ha de permanecer pequeña. Tal vez no nos guste pasar esos momentos, esta situación que se esté pasando, hará que nuestra fe crezca.

Cuando Dios decidió bendecir a Elías, él se encontraba camino al arroyo de QUERIT (significa *"hacer pacto con"*) donde bebió agua y fue alimentado por cuervos. Dios nos invita a hacer pacto con Él, a confiar en Él y Él hará.

Dios nos conduce por senderos progresivos, donde Él nos dice que vuestros pensamientos no son sus pensamientos, aun no entendemos, causa, motivo y circunstancias, no funciona nuestra lógica, nuestra psicología, nuestra mente finita, *"Pero si Él lo dijo Él lo hará"*.

Mi esposa me comunicó que el Señor le dio palabra para nuestras vidas, diciendo el Señor:

No serán avergonzados en el mal tiempo y en los días de hambre serán saciados. (Salmos 37:19)

El propósito de Dios es colocarnos en el monte Carmelo para que allí seamos fructíferos, que seamos capaces de pedir fuego desde el cielo y ver su poder como lo hizo Elías, si tenemos hambre de Dios lo lograremos.

Recuerdo cierto día, había escaseado el alimento en casa, recordando su Palabra "clamé": Señor, ¿dónde están mis cuervos de Querit? Señor, suple mis necesidades.

Era un momento de intimidad con Él, donde las preocupaciones se desvanecen a medida que vamos entrando en su presencia en donde el Espíritu Santo imparte confianza a nuestro ser, y nuestros miedos se disipan, haciendo que el área débil se fortalezca.

Ese Dios maravilloso que me acompaña y que no necesito oír sino sentir, está en contacto permanente con mi espíritu, siempre guiando mis pasos. Lo percibo en todas y cada una de las circunstancias de la vida. Es un momento de sensación tan hermosa de su presencia, que no concibo otra vida que no sea esta con Él.

Esta puede ser tu vida, tu experiencia en toda su dimensión, es para todos, despierta ese divino toque de... locura que hiberna en lo más profundo de nuestro ser y nos permite romper mitos y paradigmas.

Somos capaces de darlo el todo por la nada, donde perdemos el tiempo y espacio terrestre, para hundirnos en sus profundidades.

Donde cruzamos el umbral hacia lo desconocido y vemos su gloria, la gloria del unigénito hijo de Dios, donde se traspasa lo físico, donde la materia no es obstáculo para moverte en el plano de Dios. Donde su gloria, donde la presencia misma de Dios, te toca, te llena y exclamas como el salmista, mi copa esta rebosando, un momento del cual no quieres regresar.

Fue una presencia tan poderosa, le comentaba a mi esposa, que podría decir literalmente vi a Dios, cara a cara en visión y mi espíritu anhelaba en ese momento partir a su presencia, una experiencia que nunca había vivido después de la salvación poderle decir,

"Señor estoy listo llévame contigo", quiero irme contigo.

QUIERES CAMINAR CONMIGO

No puedo explicarlo como lo mencioné al principio de las páginas de este libro; pero en comprensión humana y apoyado en la hermenéutica, estuve parado frente a mi Señor y al costado vi a mi familia, mis hijos y esposa y era tiempo de decidir, la familia o el Señor, y sin más; exclamé:

"Señor, me voy contigo" quiero caminar contigo.

Le expliqué a mi esposa no es que uno corra de los problemas de este mundo y las responsabilidades como padre de familia, no; era un deseo espiritual de estar en ese momento en su presencia para siempre. Una experiencia donde su espíritu te inunda con su poder y su preciosa unción llena tu ser.

Mientras escribo estas líneas, pido a Dios poder llegar al corazón de mis lectores, que Dios les toque y los transforme, dándoles una experiencia nueva en sus vidas, un toque del maestro. Una unción fresca de su espíritu. La unción es para ti, las señales del que cree en su nombre te seguirán, el poder fluirá en tu vida, ya no serás igual, serás radical. La unción de Dios te da sabiduría e inteligencia para tomar decisiones entre el bien y el mal para que no seas engañado por el enemigo y tome tu cosecha la que Dios te ha dado. Pero para que esa unción este sobre ti es necesario un cambio en tu vida.

Cuando la unción llega a tu vida echa fuera el temor porque cuando usted camina bajo esa unción y entiende quien es usted en Cristo no importa lo que esté ocurriendo alrededor de usted porque la unción pudre el yugo. Cuando la unción poderosa es derramada en la vida del creyente, trae salvación, sanidad, milagros creativos, marcando la diferencia entre lo carnal y lo espiritual.

Y después de esto derramaré mi Espíritu sobre toda carne, y profetizarán vuestros hijos y vuestras hijas; vuestros ancianos soñarán sueños, y vuestros jóvenes verán visiones. (Joel 2:28)

La unción trae consigo la renovación: Es un cambio de posición de 180 grados, pues la gente carnal, el incrédulo, el tímido, el iracundo, etcétera, pasan a una nueva generación que marchará con y en el Poder y la Gloria del Espíritu Santo.

Mas esto es lo dicho por el profeta Joel: Y en los postreros días, dice Dios, derramaré de mi Espíritu sobre toda carne, y vuestros hijos y vuestras hijas profetizarán; vuestros jóvenes verán visiones, y vuestros ancianos soñarán sueños; y de cierto sobre mis siervos y sobre mis siervas en aquellos días derramaré de mi Espíritu, y profetizarán. (Hechos 2:17-18)

Es una promesa escrita en la Palabra de Dios, es para ti, para tu vida, ella cambiará todo tu ser, ya no serás igual; podrás ser testigo no sólo en Jerusalén, sino hasta lo último de la tierra, irás con poder y las señales te seguirán por causa de su nombre. Este es el poder de Dios y su unción en el hombre y es para su gloria. Para que el nombre de Dios será glorificado.

Capítulo X

Las señales te seguirán

Dios ha sido fiel en nuestras vidas, con amor eterno nos ha amado, nos hemos gozado en su presencia, su Palabra no ha fallado, nunca ha llegado tarde, Él es fiel, Él es bueno y tiene el control de nuestras vidas.

La Biblia, en Marcos 16, expone las experiencias y prodigios que el creyente realizará, cuando haya venido sobre nosotros el Espíritu Santo, cuando la unción fresca llene nuestro ser, seremos testigos de milagros y prodigios que el Dios Altísimo hará en nosotros, y seremos más que vencedores en Cristo Jesús.

Y estas señales seguirán a los que creen: En mi nombre echarán fuera demonios; hablarán nuevas lenguas;
Tomarán en las manos serpientes, y si bebieren cosa mortífera, no les hará daño; sobre los enfermos pondrán sus manos, y sanarán. (Marcos 16:17-18)

Por la gracia de Dios se nos confirió un grupo celular de hermanos, el cual mi esposa Gloria y yo empezamos a ministrar conforme el Espíritu nos guiaba y enseñaba.

Eran reuniones cada viernes, después de horas de trabajo nos reuníamos en los hogares de cada uno de los miembros de dicho grupo.

Entre los miembros teníamos hermanos en Cristo de diferentes nacionalidades, costumbres y estilos de vidas, pero lo más precioso es que el espíritu, el anhelo por servir a Dios y alabar su nombre era el mismo.

Recuerda que al principio mencioné una palabra poderosa que recibí de mi Señor que a la letra dice así:

Él me ha puesto por testigo y maestro a las naciones, para enseñar sus verdades, enseñar su Palabra. El Señor me dice que llamaré a gente que no conocí y gente que no me conocieron correrán a mí, por causa de Jehová, tu Dios, y del Santo de Jehová que me ha honrado. (Isaías 55:5).

Había hermanos de Guatemala, hondureños, colombianos, estadounidenses, puertorriqueños, mexicanos; éramos un grupo multicultural, todos unidos y al unísono cantábamos y alabábamos su nombre y Dios se glorificaba cada fin de semana. Plasmo algunos momentos gloriosos donde la unción fue derramada en estas reuniones.

Testimonios

Una experiencia conmovedora

Recuerdo que cierto día se integró a nuestro grupo una pareja de hermanos que llegaron del Estado de California, los hermanos Ramón y María Castro, una pareja extraordinaria que por razones personales cambiaron su residencia al estado de Texas, específicamente a la ciudad de San Antonio.

Cada viernes nos gozábamos y compartíamos la sal y el pan, orábamos unos por otros y Dios se manifestaba poderosamente en cada reunión.

Pero había una necesidad en esta familia, había llegado de California a vivir con su hijo y nuera, la cual con el tiempo la hermana empezó a sentirse con la necesidad de salir de ahí y tener su propia casa. Cada oportunidad que tenía hablaba por teléfono con mi esposa exponiendo la necesidad de una casa para ella y su esposo, aunque era su familia, hijo y nuera deseaban estar solos. Mi esposa compartía con ella la Palabra, diciendo que cuando uno se une en oración en el nombre de Jesús, Él está con nosotros.

Les aseguro también que si dos de ustedes se ponen de acuerdo en la tierra para pedir algo, sea lo que fuere, lo conseguirán de mi Padre que está en los cielos. Porque donde están dos o tres reunidos en mi nombre, allí estoy yo en medio de ellos. (Mateo 18, 19-20)

Mi esposa le daba confianza y esperanza en el nombre de Jesús y le pedía que buscara primeramente el reino de Dios y Él concedería su petición. Llamando las cosas que no son como si fuesen, declarar que Dios ya había concedido la casa por fe y declárala como si ya la tuviera.

Llama las cosas que no son, como si fuesen. (Romanos 4:17)

Mas buscad primeramente el reino de Dios y su justicia, y todas estas cosas os serán añadidas. (Mateo 6:33)

De igual manera se exponía la necesidad en el grupo celular, la hermana queda tranquila y sólo restaba esperar en el Señor que obrara en la vida de ellos y que realizara un milagro, poderoso en la vida de esta pareja. Pasó un corto tiempo y el Señor se manifestó en sus vidas.

Estos hermanos tienen sus hijos en el servicio de los marines y un de ellos volviendo de Japón, Dios lo usó para que Él les comprara una casa, pagada totalmente y por si fuera poco amueblada. La Escritura declara que es importante dar a conocer lo que el Señor hace en nuestras vidas.

Conviene que yo declare las señales y milagros que el Dios Altísimo ha hecho conmigo. (Daniel 4:2)

Viaje a Colombia

Viaje a Colombia, una manifestación de nuestro Dios en la vida de mi hermana en Cristo, Gloria M. Pérez, esposa de Rogelio Pérez. Con el deseo y anhelo de largos catorce años, de ver a su familia y llevarles las buenas nuevas a su madre. Fue un poderoso milagro como Dios permitió que obtuviera su residencia legal en los Estados Unidos; aun hoy en día con tanta dificultad burocrática y gubernamental.

El deseo de su corazón era volver a Colombia después de un largo tiempo, cada viernes de reunión se exponía su necesidad de partir para compartir el Evangelio, ya que contaba que cada vez que hablaba por teléfono; su madre sufría por la situación de sus hermanos que sin Cristo y sin esperanza se hundían en el vicios del alcohol; y era necesario que Dios obrara poderosamente en la vida de dicha familia.

Dios movió a misericordia al grupo, y puso en mi corazón ayudarle, movernos en compasión para ayudar a salir adelante en la resolución del problema.

Tener compasión como Jesús, les ilustraba a mis hermanos del grupo, es movernos a hacer algo, la compasión te mueve, viene del griego que significa extrañas, ahí se provoca un dolor intenso en el vientre que te duele, que te conmueve, pero esa misma palabra del hebreo matriz, porque matriz porque ahí se gesta la vida, ahí se da un nuevo ser. Era ahí donde gestaríamos la solución y la respuesta a la necesidad de mi hermana en Cristo.

Y salió Jesús y vio una gran multitud, y tuvo compasión de ellos, porque eran como ovejas que no tenían pastor; y comenzó a enseñarles muchas cosas. (Marcos 6:34)

Compasión es la participación en el dolor, sufrimiento de otros. Es un sentimiento de profunda simpatía y tristeza por el otro, que está afectado por la desgracia, acompañada por un fuerte deseo de aliviar el sufrimiento.

Por la gracia de Dios, el grupo celular hizo posible el sueño de esta hermana, enviándola a Colombia por avión desde Florida, US, a Colombia quince días. El testimonio de ella de regreso cuenta que su familia recibió la Palabra de Dios, y pudo compartir con su hermana el Evangelio de restauración y salvación para su vida.

Quizás no lo sabes, pero tienes el poder de Jesucristo a tu lado, que es el de orar a Nuestro Padre celestial. Él intercede al Padre para que el padre sea glorificado por medio de su hijo. En nuestra boca está el poder de la vida y de la muerte, de la prosperidad o de la escasez.

No mires las circunstancias, aun todo sea imposible para ti, cree a Dios, porque el que cree verá la gloria de Dios, cree como los grandes hombres de la fe, así como Abraham, Moisés, Josué decidieron creer esperanza contra esperanza, no se desanimaron por las circunstancias adversas, sigue tú creyendo, que Nuestro Señor tiene la respuesta para ti. Él contesta toda necesidad que tú tengas; el poder está en tu corazón y tus labios, a través de la oración.

Jesús le dijo: ¿No te he dicho que si crees, verás la gloria de Dios? (Juan 11:40)

Los que creen son aquellos que pueden ver la gloria de Dios. No miran los obstáculos, miran las posibilidades y las oportunidades en cada dificultad. Los que creen obedecen. Asumen riesgos. Siguen una meta y no descansan hasta alcanzarla. Son persistentes.

QUIERO VER A MIS HIJAS

Jesús nos ama tanto, que sus oídos siempre están atentos sobre nuestras necesidades, escucha las peticiones que le hacemos, concede lo que le pedimos, sólo que es en su tiempo, pero Él estará ahí para suplir toda necesidad en tu vida.

Pedid, y se os dará; buscad, y hallaréis; llamad, y se os abrirá. Porque todo aquel que pide, recibe; y el que busca, halla; y al que llama, se le abrirá. (Mateo 7:7-8)

Dios es poderoso, es grande y desea conceder las peticiones de nuestros corazones, Él nos ama y no quiere que estemos tristes, quiere vernos gozosos, el caso de mi hermano también de Colombia era la necesidad de reencontrarse con sus hijas, tenía ya dos años sin verlas, las cuales vivían en la ciudad de Houston Texas y su madre les prohibía el contacto visual.

Un día miércoles al finalizar el servicio en la iglesia se nos acerca el hermano Hernan Jhoany Zuluaga a mi esposa y su servidor, llorando nos expone su necesidad, ya que su ex esposa le negaba rotundamente el derecho de ver a sus dos pequeñas. Le dije al hermano que Dios era poderoso e iba a realizar un milagro para su vida, no sólo se le permitiría verlas, sino se las enviaría a San Antonio para que pasaran un fin de semana con él. Solté la Palabra y oramos ahí mismo y declaré:

"Padre tu Palabra dice: que clame y tú respondes, Señor hay necesidad en la vida de mi hermano, realiza un milagro que él pueda ver tu gloria, que él crea, porque el que cree todo le es posible".

Clama a mí, y yo te responderé, y te enseñaré cosas grandes y ocultas que tú no conoces. (Jeremías 33:3)

No es sólo una cita hermosa de la Palabra de Dios, es la misma esencia de su poder, es su Palabra, que es viva y eficaz, cuando clamas al Señor, Él responde. Sabes que en el amor grandioso de Jesús, cuando tú oras de acuerdo a la Palabra, ahí está Él para responder y mostrarte las grandes obras que Él puede hacer.

Confieso que por dentro de mi ser yo mismo me preguntaba, ¿y si no sucede nada, qué hago, Señor?, ¿le doy esperanza? Eran nuevas las experiencias en mi vida, Dios se estaba manifestando y estaba viendo su gloria y poder

"ahora sí, Ricardo, qué petición tan tremenda y qué necesidad tan urgente",

Pero ya la Palabra había sido soltada había sido declarada y creída de que Dios tocaría el corazón de esa mujer y obraría a favor de la vida de mi hermano; Dios la honró poderosamente.

La Palabra de Dios es clara y tajante, dice que la oración eficaz del justo puede mucho. Me pregunto, justo yo por mis méritos, de ninguna manera, es la gracia de Dios en nosotros, es su justicia por la que somos justificados por Cristo Jesús en nuestras vidas. Cuando buscamos a Dios de todo corazón, Él nos justifica, y lo que realizamos nos es por lo que somos, sino por Él.

Fue día miércoles ese día y el fin de semana llegó, "Viernes" era día de reunión de grupo. Y para sorpresa de todos, el hermano en Cristo llegó acompañado de sus dos hijas; fue una noche gloriosa, donde tangiblemente pudimos ver la mano de Dios en la vida de nosotros.

Cierta noche me dispuse a dormir pero tenía inquietudes en mi corazón y oraba a Dios por la resolución de dichas necesidades y el Señor habló a mi vida, siendo muy claro y específico, *"Sólo clama y Yo respondo"* fue todo lo que me dijo.

Clama a mí, y yo te responderé, y te enseñaré cosas grandes y ocultas que tú no conoces. (Jeremías 33:3)

Hoy, como resultado de estas oraciones, puedo decirte que Dios te ama y desea lo mejor para tu vida, Él concederá las peticiones de tu corazón, sean cual fueren las necesidades, porque te ama y desea que seas prosperado como próspera tu alma.

LA RECUPERACIÓN DE MIS BIENES

Es extraordinario y tan palpable lo que Dios hace por nosotros cuando llevamos nuestras peticiones. El Señor prestó atención a la voz de nuestra súplica.

A él clamé con mi boca, Y fue exaltado con mi lengua. (Salmo 66:17)

El deseo de los humildes, oíste, oh, Jehová; Tú dispones su corazón, y haces atento tu oído. (Salmo 10:17)

Había nuevamente una necesidad en una hermana de nuestro grupo celular, Mitzy Juelisse Zuluaga una hermana hondureña que expuso ante el grupo como una prima de ella se había quedado con todo, cuando ella vivió con ella en su casa, y como al salir de la misma por querer cambiarse de ciudad se le negó sacar sus posesiones.

La necesidad había sido expuesta en el grupo en el momento de exponer las necesidades.

Este día mi esposa se había hecho cargo del grupo ya que por razones de trabajo no pude estar presente.

Cuenta mi esposa que estuvo a punto de suspender la reunión ya que yo me encontraba ausente, pero oró a Dios y el Señor trató con su vida y decidió levantarse como poderoso gigante y dicha reunión se llevó a cabo, Dios honra la confianza que tenemos a su presencia, ya que Él prometió no dejarnos solos, Dios estaba a punto de manifestarse y su nombre sería glorificado.

Se oró por dicha necesidad y la Palabra fue declarada por mi esposa, pidiendo:

"Señor, tú conoces la necesidad de mi hermana, y venimos ante ti con la confianza y sabemos que nos oyes, toca el corazón de su prima allá donde se encuentra, inquiétala, Padre, no permitas que duerma, mueve la misericordia para con su prima; inquiétala para regrese lo que no le pertenece, Señor". Ahora Señor en tu nombre haz la obra, Padre.

Y esta es la confianza que tenemos en él, que si pedimos alguna cosa conforme a su voluntad, él nos oye.
Y si sabemos que él nos oye en cualquiera cosa que pidamos, sabemos que tenemos las peticiones que le hayamos hecho. (1 Juan 5:14-15)

Estas reuniones se llevaban acabo de 7:30 pm. a 9:00 pm. Y al término de ellas convivíamos y compartíamos, algunos aperitivos que algunos hermanos traían.

Habían sólo pasado treinta minutos de haber terminado cuando el teléfono del esposo de dicha hermana sonó, la llamada fu contestada y para sorpresa del hermano era la prima de la hermana que se comunicaba por primera vez después de dos largos años. La persona del otro lado de la línea comentaba y expresaba que ella estaba a punto de dormir, pero el sueño se le fue y vino a sus pensamientos de que ella tenía en su poder algunos artículos que no eran de su propiedad, que eran de una prima suya, la cual se había quedado con ella.

El Señor la inquietó y decidió en ese momento expresarles que mañana sábado se los envío por UPS a San Antonio, desde Houston Texas.

Fue asombroso como Dios obró aquella noche, una reunión que estuvo a punto de ser suspendida, una reunión donde Dios manifestaría su poder y su gloria, en la vida de los ahí reunidos, para que su nombre fuera glorificado y la fe se aumentara y afirmara.

¿Estás clamando por alguna necesidad en tu vida?, ¿le crees al Señor?, entonces por qué dudar, por qué desconfiar, si Él lo prometió, Él lo hará, Él suplirá todo lo que os falte, conforme a sus riquezas en gloria, sólo créelo; porque al que cree todo le es posible.

LIBERADA EN UN SUEÑO

La visión de Pablo sobre un varón macedonio que le rogaba, pasa por Macedonia y ayúdanos. Interpretando la visión como una llamada de Dios.

Y se le mostró a Pablo una visión de noche: un varón macedonio estaba en pie, rogándole y diciendo: Pasa a Macedonia y ayúdanos.
Cuando vio la visión, en seguida procuramos partir para Macedonia, dando por cierto que Dios nos

llamaba para que les anunciásemos el evangelio.
(Hechos 16:9-10)

En Hechos 16:13-15 se hace referencia una mujer llamada Lidia, temerosa de Dios que el corazón de ella abrió el Señor para que estuviese atenta a lo que Pablo decía. Y cuando fue bautizada, y su familia, rogó, diciendo: Si habéis juzgado que yo sea fiel al Señor, entrad en mi casa, y posad.

Otra situación, fue el caso de una muchacha que tenía espíritu de adivinación, seguía a Pablo y daba voces, diciendo: Estos hombres son siervos del Dios Altísimo, quienes os anuncian el camino de salvación.

Pablo, se volvió y dijo al espíritu: Te mando en el nombre de Jesucristo, que salgas de ella. Y salió en aquella misma hora. Después de haber sido echados en la cárcel por haber liberado a dicha mujer, la Palabra dice que alabaron a Dios en la cárcel en la cual se presentó un gran terremoto y ahí la vida del carcelero de Filipos fue salvo.

Estos sucesos se llevaron acabo en Macedonia, y Pablo fue usado poderosamente en la vida de estas mujeres que recibieron a Jesús como su salvador y fueron bautizadas no sólo ella, aun su familia fue alcanzada; tal fue el caso de Lidia, la cual se le llamó "temerosa de Dios".

La muchacha con espíritu de adivinación, fue restaurada, por la unción que había en Pablo.

Y esto lo hacía por muchos días; mas desagradando a Pablo, éste se volvió y dijo al espíritu: Te mando en el nombre de Jesucristo, que salgas de ella. Y salió en aquella misma hora. (Hechos 16:18)

Pablo fue usado por Dios, gracias a que obedeció al Espíritu Santo en aquella visión, y de igual manera, Dios quiere usar nuestras vidas, por medio de sueños, visiones y derramar su unción para que el plan y propósito de Dios se cumpla, sólo está dispuesto a que el Señor manifieste su poder en tu vida y obedécele como lo hizo Pablo.

Este caso muy particular de un sueño o visión, sucedió en un grupo celular. No sabía su nombre y tampoco su necesidad y aun menos la conocía, ni ella a mí ni yo a ella. Sucedió que cierta noche una hermana en Cristo; llamada Noemí, tenía grandes necesidades en su matrimonio y situaciones personales en su vida, sufría y continuamente pedía ayuda a Dios.

Comenta que tuvo un sueño donde vio a un varón de Dios que se acercaba a ella y le ministraba la Palabra de Dios, oraba por ella y el Señor lo usó para traerla a los pies del Jesús y declararla libre por la sangre de nuestro Señor Jesucristo. Explica ella que nunca lo había visto, no sabía quién era, pero de algo sí estaba segura Dios había tocado su vida, la había transformado en una nueva criatura por la ayuda de este varón que la liberó y lo usó en el sueño.

Se empezó a reunir en grupos celulares y expuso su testimonio de dicha experiencia y como Dios la había liberado con la ayuda de este varón de Dios, no tengo idea de quien sea, pero se los describo como lo vi en mis sueños y una hermana presente ahí, dijo "yo se quién es por las características que dices; yo lo conozco".

Pasado el tiempo por razones que se presentaron ella fue invitada a otro grupo celular y ahí conoció al hermano en persona que le ayudó en el sueño, cuando el estudio de la Palabra empezó, la hermana muy atenta escuchaba y de repente exclamó:

"eso, sí, eso era lo que me decía en mi sueño"

Es él, sí, ahora lo recuerdo bien, es usted hermano, gracias por ayudarme aun en mi sueño, Dios lo usó para que me diera palabra y ahora soy otra persona.

Quiero decirle, estimado lector, que para la gloria de Dios, ese varón de Dios era su servidor, el Señor me permitió ayudar a Noemí aun en su sueño.

Es un misterio, no puedo explicarlo con palabras; pero Dios lo hizo y ella pudo ser rescatada de las garras del enemigo, sea probable que no fue como lo expuesto por Pablo anteriormente en su visión, pero es glorioso saber como Dios te usa aun en los sueños de otras personas aun sin conocerle; y todo esto para que el nombre de Dios sea glorificado. El profeta Joel lo profetizó:

Y después de esto derramaré mi Espíritu sobre toda carne, y profetizarán vuestros hijos y vuestras hijas;
Vuestros ancianos soñarán sueños, y vuestros jóvenes verán visiones. Y también sobre los siervos y sobre las siervas derramaré mi Espíritu en aquellos días. (Joel 2:28-29)

Dios quiere usarnos a todos, deja que te toque y está dispuesto a servirle sólo a Él, y te aseguro que verás la gloria de Dios sobre tu vida y te llenará de su poderosa unción.

La restauración de una familia

Como anteriormente, lo he expresado, el estrés amenaza nuestras vidas, las circunstancias hostiles que pasamos por la vida, nos van debilitando cada día.

Este es el caso de la familia Flores, que por muchos años hemos sido amigos y compañeros de milicia en el Señor, pero por razones geográficas nos dejamos de ver por espacio de unos cinco años. Ellos se habían ido a vivir al estado de Minnesota y nosotros vivíamos en Texas.

El problema de salud de la esposa de mi hermano en Cristo se estaba complicando gravemente. La situación se estaba poniendo por demás inestable, y los hijos estaban ya siendo afectados emocionalmente con dicho cuadro clínico.

Había asistido a diferentes nosocomios, a buscar la respuesta a sus interrogantes de salud, su casa era casi un almacén de medicamentes que en vez de mejorar su salud empeoraban otras áreas de su cuerpo.

Habían pedido ayuda a hermanos en Cristo en diferentes iglesias y cadenas de oración para la sanidad de la hermana, pero los resultados habían sido negativos, la respuesta a su plegaria no había llegado. Pero Dios no retarda su promesa como algunos la tienen por costumbre, por cuestiones personales de la familia y el calvario de la enfermedad que avanzaba en la hermana, decidieron regresar a Texas.

Recuerdo que llegaron en diciembre y nos visitaron, diciendo que se estaban instalando nuevamente aquí en la ciudad, y que pronto nos frecuentaríamos como anteriormente lo hacíamos como amigos.

No tuvimos razones de ellos por dos meses, pero sabíamos que estaban en la ciudad, Dios nos inquietó a buscarles en toda el área metropolitana de la ciudad, día tras día. Por la gracia de Dios los encontramos, estaban pasando una situación económica difícil y espiritualmente se veían cansados y sin ánimo de seguir.

Nos platicaron la situación de la hermana, estaba sufriendo de estrés y depresión fuerte en su vida, había acudido ya a psicólogos y psiquiatras para ver si encontraban la solución a su problema de depresión y opresión.

Los administramos con la Palabra, pudimos compartir con ellos las experiencias nuevas que el Señor me estaba dando a mi vida, y como nos estaba usando en la liberación. Ese día oramos con ellos y Dios le tocó y quedó más tranquila; pero nos llevamos la carga mi esposa y yo, decidimos con la ayuda de Dios ayudarles, ministrándoles la Palabra de Dios y todo lo nuevo que habíamos aprendido del Señor en dicha área de liberación y restauración.

Les extendimos una invitación cordial a nuestra casa para ahí más tranquilamente ministrarles, quiero mencionar que aquí Dios obró poderosamente un milagro de liberación en la hermana, pero para llegar a ello pasó un tiempo determinado ese día. Cometí el error de exponer mis conocimientos previamente aprendidos y creí que mi persona podía ayudarla, la cual el tiempo había pasado y los hermanos se iban ya a retirar a su casa y agradecieron de antemano las atenciones prestadas a su persona.

Había fracasado, no sucedió nada en seis horas, lo que había aprendido no funcionó en ellos. Que pasó, me preguntaba, perdóname, Señor, eres tú quien obra, eres tú quien liberta, hazlo Señor. Menguo, Señor, para que tú seas exaltado. Ella te necesita, ella necesita quedar libre.

Cuando cedí el lugar a Dios, la gloria poderosa de su unción cayó en aquella habitación y un grito de clamor salió fuertemente de la vida de mi hermana, fue como un estruendo de aguas, y quedó libre por la Palabra que Dios puso en mis labios y su nombre fu exaltado.

Hoy vive y testifica para la gloria de Dios, como Dios la liberó y la hizo libre de la enfermedad que padecía.

Le sanó y dio vida

Era una hermosa mañana, así como lo describe la Escritura, "Nuevas son sus misericordias cada mañana"; me encontraba en mi área de trabajo, en una escuela pública, llevando acabo el proceso de enseñanza aprendizaje.

Cuando de repente mi directora La Profa. Marianita Garza, irrumpe mi aula y me pide de favor que le acompañe a la dirección de dicho centro de trabajo. Qué sucede, maestra, comenté, para lo cual en la recepción de la dirección se encontraba otra compañera, ella se dirigió nuevamente a mí diciéndome, la compañera está pidiendo una licencia por gravidez, ya que mañana será intervenida quirúrgicamente; y me ha explicado el motivo de dicha intervención.

Ella iba a ser intervenida porque se le había detectado cáncer cérvico uterino, y se le iba a extirpar la matriz, dicho problema había causado también el rompimiento de su matrimonio, ya que no había podido engendrar hijos y su esposo le había dejado.

Comenté a la directora y qué desea de mí, se dirigió nuevamente y me dijo: *¡Eres cristiano, verdad!* pues ora por ella para que Dios le ayude en la operación y haga un milagro en su vida. Repliqué, maestra, pero lo que me pide es imposible, nos encontramos en una institución educativa y por ley está prohibido, la cuestión religiosa y el artículo tercero de educación es tajante en dicho rubro. No importa, me dijo, cerraremos las cortinas y dejaremos que Dios haga el milagro que ella necesita. Pues oramos por ella desatamos la bendición sobre su vida, pidiendo a Dios que le sanara del cáncer y resolviera su matrimonio.

Perdí la pista por un año a la compañera, ya que después de esta experiencia en su vida se cambió de centro de trabajo y pasado un año me la encontré saludablemente cargando en sus brazos a una pequeña criatura.

Dios no sólo la sanó y la libró de la operación, sino que la sanó de cáncer y le concedió un hijo, su matrimonio fue restaurado, para la gloria de Dios.

Sumario

¿Qué hacer para recibir su unción?

Todos deseamos y oramos como Eliseo: "Señor, dame una doble porción de tu unción". Sin embargo, no nos damos cuenta de la preparación que involucra para que tal cosa milagrosa suceda.

Si quieres ver la gloria de Dios, tienes que ver dónde están tus raíces, como el árbol del Líbano fundado bajo muchas aguas. Las palabras de Kathryn Kuhlman decían: corran, vayan donde están las aguas, donde el río fluye. Tienes que plantar tu vida en las aguas.

La gente en los tiempos de Jesús que quería ver la gloria de Dios, su poder y unción, tuvo que dejar la Sinagoga, e ir tras Jesús (donde esta el río de vida).

Mas el que bebiere del agua que yo le daré, no tendrá sed jamás; sino que el agua que yo le daré será en él una fuente de agua que salte para vida eterna. (Juan 4:14)

El proceso no es agradable para todos, como lo mencioné anteriormente, la gracia es el favor de Dios y fue gratuita la salvación, pero la unción tiene precio y se debe pagar por ello y quien pone las reglas es el Señor mismo.

La unción es el derecho de ceder al Espíritu Santo que obre en nuestras vidas y en la de los demás. Es creerle a Dios que si Él lo prometió, Él lo hará, la fe es un elemento sustancial para recibirla, acompañada de alabanza y honra al todo poderoso.

Con la experiencia vivida plasmada en este escrito, y los años de preparación y estudio secular, así como lectura de las Escrituras; y la navegación por el mundo de la literatura cristiana, particularmente no puedo señalar un método específico que te lleve a la unción.

Lo que si puedo decir, es que Dios cumplirá en ti, su propósito de llenarte y ungirte con su espíritu.

Porque yo sé los pensamientos que tengo acerca de vosotros, dice Jehová, pensamientos de paz, y no de mal, para daros el fin que esperáis. (Jeremías 29:11)

Los pensamientos de Dios son para todos, la unción es para todos, es sólo desearla, anhelarla, decirle que la necesitamos más que a nuestro ser.

Lo que si puedo decirte es que este es el tiempo que Amós habló, tiempos en los cuales Dios enviará hambre a la tierra, no hambre de pan, ni sed de agua, sino de oír la palabra de Jehová.

Es el tiempo del profeta Joel para nuestras vidas, tiempos en que se derramará de su Espíritu sobre toda carne, es nuestro tiempo. Es el tiempo de que no sólo de pan viviremos, sino de la Palabra de Dios, es por ello importante buscar primero el reino de Dios y Él añadirá consecuentemente su unción en nuestras vidas.

DIOS OBRA DE DIFERENTES MANERAS

DAVID. Sólo era un pequeño adolescente cuando fue llamado y ungido como rey, pero si leemos su transfondo histórico de su vida, tuvo un camino de soledad, tragedias y desilusiones, pero su meta específica en medio de la tragedia y la persecución fue Dios, al tal grado que fue llamado por el Señor, "conforme al corazón de Dios".

ELISEO. Buscó la doble unción que Elías tenía, pero el costo fue el dejarlo todo, hombre que decidió caminar y no separarse del profeta hasta recibirla, fuese cualquiera el precio, lo cual lo llevó a convertirse en un hombre de milagros. Sabía quién era Jehová de los ejércitos, varón de guerra que no ha perdido ninguna batalla.

SAÚL. Cuando Saúl recibe la unción de Dios es mudado en otro hombre. La unción de Dios trae cambios, nos da una nueva valentía, una nueva forma de ver las cosas. En 1 Samuel 10:7 Samuel le dice a Saúl: *"haz lo que te viniere a la mano, porque Dios está contigo."*

Cuando la unción llega a tu vida, nunca te dejará ni te desamparará. ¿Por qué la importancia de la unción en nuestras vidas?, por medio de ella podemos imponer manos sobre enfermos, podemos echar fuera demonios en el nombre de Jesús, podemos ministrar por fe, la unción que nos llena está basada en EXOUSIA que es la autoridad delegada de Dios.

El diccionario VINE, comenta: "exousia denota autoridad (del verbo impersonal exesti, «es válido», o «conforme a la ley»). Del significado de permiso o de libertad para hacer como a uno le plazca, pasó al de la capacidad o poder con el que uno ha sido investido".

Pero la unción que nos cubre o la unción derramada está basada en el DUNAMIS que significa "demostración de poder", cuando ministramos por la unción que cubre los enfermos son sanados sin tener que orar específicamente por ellos, los demonios salen sin tener que ser confrontados.

La palabra "Dunamis" (DOO'-NA-MIS pronunciado) se deriva del palabra significado griego "Power" o "Espíritu" y denota el poder aumentado.

Las facetas para la unción

Muchos describen métodos, facetas o pasos para llegar a recibirla, particularmente sólo puedo decirte en mi vida personal sucedió, pero la Palabra de Dios es clara y precisa, La Escritura declara abiertamente que si se humilla su pueblo, oraren, y buscaren su rostro, y añade la Palabra; se convirtieren de sus malos caminos; la bendición se dejará sentir, y el Señor oirá desde los cielos, y perdonará nuestros pecados, y sanará nuestra tierra.

EL VACÍO. Es el vacío de nuestra alma, expresar como el salmista, *"mi alma tiene sed del Dios vivo"* donde Dios obra, donde el hambre y la sed de Dios se hace presente, y por todas las circunstancias se quiere suplir tal necesidad. Tener hambre de Él, es desear, anhelarlo, conocerlo más. Y Dios te llevará a una nueva revelación.

Recuerda que cuando tu corazón tenga hambre y sed de Dios y sientas el vacío en tu alma, y permitas que la preciosa unción del Espíritu Santo sea derramada en tu vida, y seas llenado con el bendito fruto del Espíritu, encontrarás la verdadera delicia interna en Dios, y los preciosos ríos de agua viva fluyan para vida eterna en tu ser; entonces recibirás poder para testificar hasta lo último de la tierra, lo que el Dios altísimo ha hecho contigo y dirás como el Salmista,

Serán completamente saciados de la grosura de tu casa, y tú los abrevarás del torrente de tus delicias. (Salmos 36:8)

"una cosa hago, olvidando ciertamente lo que queda atrás"

DEJARLO TODO ATRÁS. Abraham salió de su tierra y su parentela, dejó todo atrás, la comodidad, la familia, para seguir hacia la tierra prometida. En el caso del apóstol Pablo es interesante notar que era un hombre de fe, de convicción, sabía su meta y visión de su llamado; logró la madurez espiritual a la que Cristo invita a cada uno de nosotros, que nos acerquemos a Él confiadamente, pero para ello expresa explícitamente, una cosa hago, olvidando ciertamente lo que queda atrás; en otras palabras, no debo vivir la vida espiritual de los triunfos pasados, de los recuerdos.

Necesitamos continuar hacia la victoria, necesitamos llegar a la estatura del varón perfecto imitando a Cristo.

LA FE. Para ver la gloria de Dios, es necesario creer, es tener fe, certeza y seguridad de lo que no se tiene, hablándole a las cosas que no son como si fueran.

¿Por qué de la importancia de este rubro?, porque sin ella es imposible agradar a Dios, sin ella lo imposible no se hace posible, sin ella no habría la certeza de lograr nuestros anhelos y nuestras necesidades nunca se cristalizarían.

Pero sin fe es imposible agradar a Dios; porque es necesario que el que se acerca a Dios crea que le hay, y que es galardonador de los que le buscan. (Hebreos 11:6)

Es esencial para nuestra vida, es la que nos sostiene, no es nuestro mérito humano, no es la física quántica la que nos ayudará a resolver nuestros problemas, no será la psicología analítica "meditación, yoga, la metafísica y aun mismo la psicoterapia positiva", la cual trata sobre el estudio científico de la felicidad que toma en cuenta las fortalezas y virtudes de las personas. No es el positivismo ni aun tratar de mover leyes de atracción usados por la metafísica.

ROMPER LOS PARADIGMAS. Este aspecto es de suma importancia en nuestras vidas para recibir la unción de Dios. Ya que este rubro impide creer en lo celestial.

El Señor me mostró cómo es increíble cuántos conceptos, teorías, aprendemos en el transitar de nuestra vida por el camino de la enseñanza, explicando o tratando de encontrar una razón de lo que nos rodea y negando con todo lo descubierto que Dios no es real, que Dios no existe; simple y sencillamente porque no le vemos.

De cierto, de cierto te digo, que lo que sabemos hablamos, y lo que hemos visto, testificamos; y no recibís nuestro testimonio.

Si os he dicho cosas terrenales, y no creéis, ¿cómo creeréis si os dijere las celestiales? (Juan 3:11-12)

El término paradigma significa "ejemplo" o "modelo". En el ámbito científico, religioso u otro contexto epistemológico, el término paradigma puede indicar el concepto de *esquema formal* de organización, y ser utilizado como sinónimo de *marco teórico* o *conjunto de teorías*.

Romper con ellos es aceptar lo imposible posible, es caminar por fe, es sosteniéndose como viendo al invisible, donde la lógica y la razón no tienen mérito. Si tratamos de usar la razón y la lógica a lo que sucede no miraremos milagros, ya que ellos radican en el mundo espiritual. Sólo es la unción, el poder de Dios fluyendo y derramándose en tu vida.

RENOVAR LA MENTE. El Señor me mostró que era necesario un cambio radical en nuestras formas de pensar, era necesaria una estocada en la catanuxis para provocar una metánoia.

Es fundamental comprender que la mente es el centro de control de nuestras vidas, donde se llevaba acabo todo proceso mental. Nuestros patrones de conducta que rige nuestro pensamiento y creencias dominantes forman nuestro comportamiento.

Desafortunadamente, antes de llegar al conocimiento de Jesucristo, la mayoría de nosotros tomó una gran cantidad de ideas equivocadas de nuestro entorno, ya sea de familiares, amigos, la televisión o alguna otra fuente y se nos hicieron hábitos, y los hábitos se convirtieron en costumbre lo cual trajo como consecuencia que estos se transformaran en ley; que ya difícilmente podemos desarraigar de nuestro corazón.

Ahí empezamos a introducirnos al mundo natural de Dios, moviéndonos en su mismo plano, viendo lo imposible, posible, donde lo que no es… es hecho, y todo por la Palabra; donde la fe empieza a obrar y los milagros empiezan a surgir. Donde no hay respuesta y explicación certifica a lo que sucede.

Entonces él respondió y dijo: Si es pecador, no lo sé; una cosa sé, que habiendo yo sido ciego, ahora veo. (Juan 9:25)

EL CARÁCTER DE CRISTO. El proceso para la formación del carácter de Cristo en nuestras vidas, necesario ya que este trae como consecuencia el quebrantamiento del espíritu el cual empieza a moldear y pulir, como el oro al pasar por el fuego, Dios pule la piedra que estima. Es como el barro en manos del alfarero al formar su vasija.

Y descendí a casa del alfarero, y he aquí que él trabajaba sobre la rueda. Y la vasija de barro que él hacía se echó a perder en su mano; y volvió y la hizo otra vasija, según le pareció mejor hacerla.

La meta es formar en nuestras vidas su carácter, tal vez como la taza de porcelana pasada por el fuego y su hermosos matices de colores, sea que no te guste el proceso, pero es necesarios en tu vida, o te duela en la rueda del alfarero el trato que él hace para forjar una vasija nueva en sus manos, pero es necesario para que por medio de dichos procesos tu carácter sea formado a su imagen y semejanza de Cristo.

Déjate que moldee tu vida, tal vez para ti sea difícil el proceso, pero en manos del maestro, estarás seguro y al final de la jornada te sorprenderás lo que Dios formará en ti.

LA ALABANZA. Porque la Escritura nos invita a alabarle, y expresa que ella es capaz de cambiarlo todo, que necesitamos hacer sacrificio de alabanza.

Dicho epígrafe cambia todas las cosas, cuando el pueblo le alaba, suceden cosas maravillosas. Y Él se mueve en medio de ella. En las circunstancias y el transitar por la vida se presentan momentos de sufrimiento y dolor, donde podemos eligir nuestro reaccionar.

Alabar al Señor en momentos como estos puede parecer ilógico, fuera de la razón, pero es hondamente eficaz. ¿Por qué? pues porque la alabanza cambia nuestra perspectiva y nuestra fe, abre la puerta para que Dios haga grandes cosas y a la vez influye sobre otras personas. Su unción es derramada sobre nuestras vidas.

LA ORACIÓN. La oración nunca debe faltar, es el medio de comunicación con el cielo, es la línea directa que nunca esta ocupada. La oración no es opcional, es un mandato ya que sin ella perdemos contacto con lo celestial. Es parte vital de la experiencia de todo cristiano, Dios construye nuestra fe a través de ella.

En mi experiencia era tan continuo mi comunión con Él que dejé de orar, quiero que me entienda en este rubro, no es una barbarie la que expreso, trato de explicar que entre más le buscas, más íntimamente te relacionas con el; empiezas a platicar, dialogar.

Dejas la sintaxis, el legalismo y el proceso retórico y la liturgia misma, para comunicarte con el Señor, y entras a un mundo espiritual del cual no deseas salir.

EL ESPÍRITU SANTO. Sin la ayuda del Espíritu Santo no lo lograrás, es fundamental su llenura, él hará que te conviertas en todo aquello que Dios declaró para tu vida.

Sin Él nada podéis hacer, a medida que pases tiempo con Él, ya no serás igual, no pierdas el objetivo, aunque la visión tardare, llegará, su Palabra no ha fallado, si Él lo dijo, Él lo hará, Él te bendecirá con su poder y unción en tu vida, y entonces te convertirás en un discípulo y testigo de su gloria y poder.

Hoy te encuentras en el umbral de su gloria, estás a punto de experimentar en tu vida la experiencia más gloriosa que el Señor da a sus hijos, derramar sobre tu vida la unción, permitirte ver un destello de su gloria; aquella preciosa unción que Elías pasó a Eliseo, es tuya, tómala, estás a punto de dar a luz un gran ministerio en tu vida y lo más grandioso es que Él irá contigo y todo lo que viniere a tu mano hazlo que te respaldará.

DIOS TE BENDIGA

ACERCA DEL AUTOR

ORIUNDO DE PIEDRAS NEGRAS, Coahuila, México. Egresado de la escuela benemérita Normal *Piedras Negras* de Maestros en 1984 y posteriormente en 1992 ingresa a la Universidad Pedagógica Nacional, obteniendo para ello una licenciatura en Educación en Pedagógica en 1996.

Llamado al ministerio en 1997 y comprometido con Dios, por el milagro obtenido en su esposa, al ser sanada de Lupus, ingresando al Instituto Bíblico Capernaum del cual egresó en 2001.

Sirvió como maestro del Instituto Bíblico Capernaum extensión Piedras negras y apoyó como docente al Instituto Getsemani en Eagle Pass, Texas en las mismas materias, en el año 2004.

Fue coordinador de ACUPYNHAD de la región Norte "Asociación de Universitarios, Profesionistas y Hombres de Negocios de las Asambleas de Dios".

Asesor y elaborador de anuarios del los institutos Bíblicos antes mencionados. Asesor pedagógico para las monografías de algunos pastores de ISUM en San Antonio, Texas.

Colaborador, asesor del presidente de sección de pastores en Piedras Negras. Y Diseñador de la primera revista llamada gaceta de Asambleas de Dios.

Reconocimiento académico para maestros de Asambleas de Dios, Springfield Missouri U.S. en 2008.

Contacto E. mail resiri8847@yahoo.com San Antonio, Tx.

ÍNDICE

www.ingramcontent.com/pod-product-compliance
Lightning Source LLC
Chambersburg PA
CBHW071343090426
42738CB00012B/2990